Piri 2

Das Sprach-Lese-Buch

Erarbeitet von
Kerstin Ende
Renate Erbstößer
Angela Hock-Schatz
Sonja Kargl
Ute Schimmler
Karin Schramm
Sabine Trautmann
Kathrin Wiegelmann

Ernst Klett Verlag
Stuttgart · Leipzig

Zeichenerklärung:

AH S. 14 Verweis zum Arbeitsheft

S. 20 Verweis zum Lesetext

Verweis zum Leselexikon

④ Differenzierungsaufgabe Sprache

○ Differenzierungsaufgabe Lesen

1. Auflage 1 5 4 3 2 1 | 2013 12 11 10 09

Erscheint in: Berlin, Brandenburg, Mecklenburg-Vorpommern, Sachsen, Sachsen-Anhalt, Thüringen

Erarbeitet von: Kerstin Ende, Renate Erbstößer, Angela Hock-Schatz, Sonja Kargl, Ute Schimmler, Karin Schramm, Sabine Trautmann, Kathrin Wiegelmann

Redaktion: Vivien Renz
Herstellung: Marion Krahmer

Gestaltungskonzeption: sofarobotnik, Augsburg
Illustrationen: Anke Fröhlich, Leipzig; Sylvia Graupner, Annaberg; Heike Herold, Köln; Cleo-Petra Kurze, Berlin; Claudia Weikert, Wiesbaden; Dieter Konsek, Wilhelmsdorf
Gestaltung/Auftaktseiten: KASSLER Grafik Design, Leipzig

Satz: Alexander Della Giustina, Leipzig
Reproduktion: Meyle + Müller GmbH + Co. KG, Pforzheim
Druck: Offizin Anderson Nexö Leipzig GmbH, Zwenkau

Printed in Germany
ISBN: 978-3-12-300250-2

9 783123 002502

Inhalt

DAS SAMS
FILMSTAR

Ich mag ...

Am Montagmorgen

❶ Was hast du am Wochenende erlebt? Erzähle es den anderen Kindern.

Mit dem Echospiel übt ihr, genau zuzuhören: Bevor ein Kind sein Erlebnis erzählt, wiederholt es, was das Kind davor gesagt hat.

❷ Führt ein Echospiel durch.

Gesprächsregeln

1. Ich melde mich, bevor ich rede.
2. Ich spreche nur, wenn ich an der Reihe bin.
3. Ich höre anderen genau zu.

❸ Warum sind Regeln wichtig?

❹ Findet weitere Regeln für eure Klasse.

Was Piri mag und kann

Ich heiße Piri.
Ich bin ein Wiesel.
Ich möchte dir helfen.
Darum gebe ich dir Tipps.
Ich mache aber auch gerne Unsinn.

❶ Schreibe den Text ab.

② Du kannst ein Bild von Piri malen.

Piri kann gut Fußball spielen.

Piri kann schnell rennen.

Piri kann gut schreiben.

Piri kann ein Buch lesen.

Piri kann gut rechnen.

Piri kann schwimmen.

❸ Schreibe auf, was du alles kannst.
Schreibe so: *Ich kann …*

S. 21

Was ich an dir mag

Die Kinder der 2a kennen sich seit einem Jahr. Jedes Kind hat aufgeschrieben, warum es ein anderes Kind besonders mag.

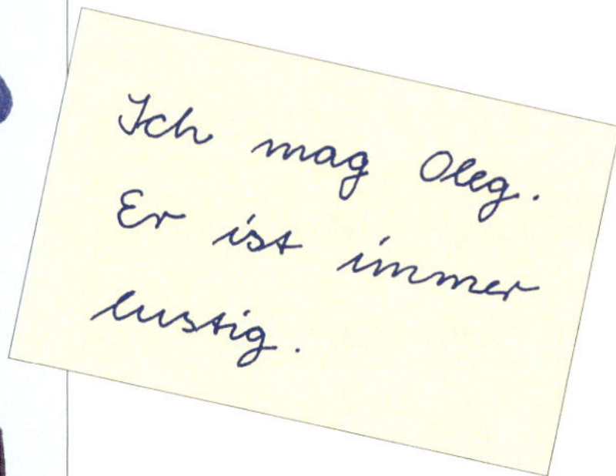
Ich mag Oleg.
Er ist immer lustig.

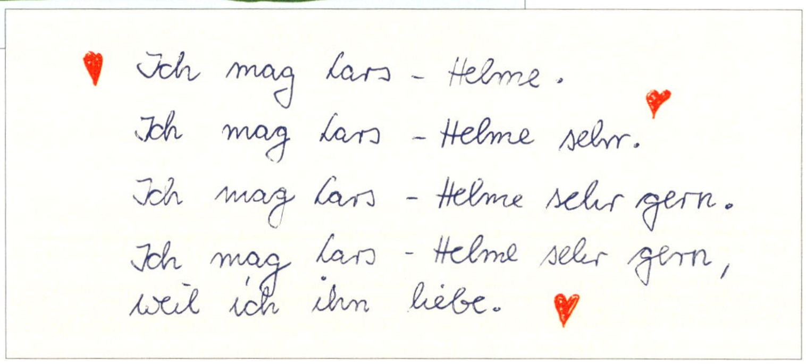
Ich mag Lars - Helme.
Ich mag Lars - Helme sehr.
Ich mag Lars - Helme sehr gern.
Ich mag Lars - Helme sehr gern, weil ich ihn liebe.

Alle diese Sätze sind **Aussagesätze**.
Das erste Wort im Satz schreiben wir immer groß.
Aussagesätze enden mit einem **Punkt**.

❶ Schreibe ähnliche Sätze über Kinder deiner Klasse.

❷ Lies deine Sätze einem anderen Kind vor.

③ Ihr könnt aus euren Texten ein Buch zusammenstellen.

S. 20

AH S. 10

Freundschaft

In der Schule

Lotta mag Mona.
Sie möchte neben Mona sitzen.
Aber Mona sitzt neben Anna.
Die Kinder denken nach.

❶ Schreibe den Text ab.

❷ Zeichne die Satzanfänge und die Punkte farbig nach.

Abschreiben

1. Lies den Text.
2. Lies einzelne Wörter.
3. Decke sie zu und schreibe sie auf.
4. Vergleiche: Hast du alles richtig?

Maro und Timo

Maro ist Timos Freund sie gehen zusammen zur Schule sie spielen miteinander auf dem Schulhof am Nachmittag lernen sie auch gemeinsam manchmal haben sie sogar die gleichen Träume

❸ Schreibe die Sätze richtig auf.

❹ Zeichne die Satzanfänge und die Punkte farbig nach.

S. 17

Auf dem Schulhof

Endlich ist große Pause.
Alle Schüler rennen auf den Hof.
Ben versteckt sich vor Luca hinter dem Baum.
Jan und Eric wollen Karten tauschen.
Anna und Marie hüpfen mit dem Seil.
Einige Kinder malen mit Kreide.
Manche Jungen spielen Fußball.
Leider rollt der Ball immer wieder
über die Blumen.
Der Lehrer findet das nicht gut.

> Menschen, Tiere, Pflanzen und Dinge haben einen **Namen**.
> Alle **Namenwörter** sind **Substantive**.
> Substantive werden **großgeschrieben**.

1. Schreibe den Text ab. Unterstreiche alle Substantive.

2. Was spielst du in der Pause am liebsten?
Schreibe die Buchstaben eines Spiels untereinander.
Finde zu jedem Buchstaben ein Substantiv.

Flöte
Lama
Uhr
Mama
Mus
Igel

Pizza
Insel
Rose
Igel

3. Du kannst im Internet nach weiteren Spielen suchen: www.zzzebra.de.

AH S. 11

Fundsachen auf dem Schulgelände

Die Kinder haben nach der Pause
vieles vergessen.

Substantive haben **Begleiter**. Sie werden **Artikel** genannt.
Es gibt die Artikel **der**, **die**, **das**: **der** Mann, **die** Frau, **das** Kind.

❶ Welche Dinge siehst du auf dem Bild?
Ordne die Substantive in die Tabelle.

der	*die*	*das*
der Handschuh		

② Du kannst weitere Substantive eintragen.

Herr Nagel geht mit den Kindern auf ___ Schulgelände.
Gemeinsam räumen sie ___ Sachen auf.
Maro hebt ___ Schachtel auf.
Lisa räumt ___ Ball und ___ Seil in die Turnhalle.
Aber keiner weiß, wem ___ Mütze gehört.

❸ Lies den Text. Schreibe ihn mit den richtigen Artikeln auf.

❹ Hast du auch schon etwas verloren? Erzähle.

AH S. 12

Eine Katze für Timo

„Meine Katze hat vier Junge bekommen“, sagt Anja eines Tages zu Timo.
„Willst du nicht **eine** Katze haben?“
Timo wünscht sich schon lange **eine** Katze.

Am Nachmittag besucht er Anja.
Die kleinen Katzen kuscheln sich an ihre Mutter.
Timo ist ganz aufgeregt.
Er zeigt auf ein graues Katzenkind und ruft: „Am liebsten möchte ich **die** Katze haben.“

1. Kannst du erklären, warum es manchmal **die** Katze und manchmal **eine** Katze heißt?

Substantive können bestimmte und unbestimmte Artikel (Begleiter) haben. **Bestimmte Artikel** sind **der**, **die** und **das**; **unbestimmte Artikel** sind **ein** und **eine**.

Zu Hause erzählt Timo seiner Mutti:
„Anjas Katze hat vier Junge bekommen.
Sie würde mir … Katze schenken.
Ich habe mir … kleinen Katzen angeschaut.
Drei Katzen sind rot und eine ist grau getigert.
Ich möchte … graue Katze haben.“

2. Schreibe mit Artikeln ab, was Timo erzählt.

3. Unterstreiche die Artikel.

AH S. 12/13

Noch mehr Tiere

Pauls Lieblingstier ist ein Elefant.
Er gibt ihm jeden Tag Futter.
Manchmal schlingt er seinen Rüssel
um ihn und hebt ihn auf seinen
Rücken. Das ist sehr hoch,
aber Paul mag es trotzdem.

1. Wo könnte Paul leben?
2. Schreibe die Substantive aus dem Text ab. Male die Anfangsbuchstaben farbig nach.
3. Zeigt Bilder von euren Lieblingstieren und erzählt dazu.
4. Schreibe auf, was du über dein Lieblingstier weißt. S. 21

AH S. 13

Abc-Spielereien

A B C D E F G H I J K L M N O P Q R S T U V W X Y Z

A und B und C –
ein Hase sitzt im Klee.
D E F G H –
er sitzt sehr lange da.
I J K und L –
dann springt er auf ganz schnell –
M N O P Q –
und ist davon im Nu.
R S T U V –
es rief ihn seine Frau –
W X Y Z –
ins Möhrenfeld, wie nett!

❶ Lerne das Gedicht auswendig.

A B C F G H J K N O P Q S T V X Y Z

❷ Acht Buchstaben fehlen.
Schreibe sie nacheinander auf.
Lies rückwärts.
Welche zwei Wörter entstehen?

S. 23

AH S. 14

Noch mehr Abc-Spielereien

HAFER DER FRISST ESEL GERN

ORANGEN LAMAS NIE PFLÜCKEN MÖCHTEN

❶ Ordne die Wörter in jeder Zeile nach dem Abc.
Was stellst du fest?

② Du kannst auch selbst Abc-Spiele erfinden.

❸ Die folgenden Wörter stehen in der Wörterliste ab Seite 214.
Welches Wort findest du jeweils darunter?
Schreibe es auf. Dabei entstehen zwei Sätze.

winzig sieht gelb zurufen

Wir *sind* ...

abwaschen sind Eimer lieben

... ...

Der kleine Angsthase

Es war einmal ein kleiner Angsthase.
Der wohnte bei seiner lieben Oma,
die leider auch sehr ängstlich war. …
„Angsthase, Angsthase!“, riefen die Kinder.
Sie wollten nicht mit ihm spielen.
Da aber weinte Angsthase bitterlich.
Er war sehr unglücklich.
„Du musst deine Angst überwinden“,
sagte der gute Onkel Heinrich.
„Sei einfach nicht mehr ängstlich.“
Das war leicht gesagt.
Angsthase spielte lieber mit dem kleinen Ulli.
Eines schlimmen Tages
schlich der böse Hasenfeind ins Dorf: der Fuchs!
Die Hasen rannten schnell davon.
So schnell sie konnten.
Sie versteckten sich in den Häusern.
Der kleine Angsthase und der ganz kleine Ulli
rannten auch.
Aber der ganz kleine Ulli konnte nicht so schnell laufen.
So fing der böse Fuchs den kleinen Ulli-Hasen.
„Der böse Fuchs frisst meinen kleinen Ulli!“,
rief der Angsthase laut. „Was soll ich machen?“
Er war einfach nicht mehr ängstlich
und griff den Fuchs am Schwanz.
Da war Ulli frei.
Der böse Fuchs aber fletschte die Zähne
und drehte sich und wälzte sich. …

Elizabeth Shaw

- Wie könnte die Geschichte weitergehen?

Der Maulwurf hilft der Maus

Die Maus hatte ihre Freunde zum Geburtstag eingeladen. War das eine schöne Feier! Es gab frisch gebackenen Mäusekuchen. Gerade als der Maulwurf, der Hase und der Igel die ersten Bissen getan hatten, fing es plötzlich an zu regnen. Die Gäste sprangen auf und rannten nach Hause. Der Regen wurde immer stärker. „Hört es denn gar nicht mehr auf?“, fragte sich die Maus. Sie stand am Fenster und beobachtete, wie ihr Garten zu einem Teich wurde. Und immer höher stieg das Wasser. Bald schon floss es ins Haus hinein. „Was soll nur aus mir werden?“, dachte die Maus verängstigt. Je höher das Wasser stieg, umso höher kletterte die Maus an ihrem Haus hinauf. Als sie auf dem Schornstein saß, hörte es endlich auf zu regnen. Doch rings um das Haus war nur Wasser. „Jetzt muss ich hier verhungern“, dachte die Maus traurig und fing an zu weinen. Aber ihre Freunde ließen sie nicht im Stich. Kaum hatte der Regen aufgehört, kehrten sie zurück. Der Maulwurf wusste Rat. „Das Haus liegt in einer Senke. Wir müssen so lange graben, bis das Wasser abfließt.“ Gesagt, getan. Der Maulwurf hatte Recht. Erst entstand ein kleiner Wasserfall und dann dauerte es nicht lange und das Wasser war verschwunden. Doch die Tiere erlebten eine böse Überraschung.

Zdeněk Miler (gekürzt)

- Was werden die Freunde jetzt tun?
- Woran erkennst du einen Freund?
- Hast du schon einmal jemandem geholfen, der in Not war?

AH S. 16

Das wünsch' ich mir

Ich möcht' ein bisschen glücklich sein.
Ich möchte mich mit andern freun.
Ich wünsch' mir, dass mich jemand fragt:
„Wie geht es dir?", und einfach sagt:
„Ich mag dich und bin gern bei dir!"
Das wünsch' ich mir!

Rolf Krenzer

Wen du brauchst

Einen zum Küssen und Augenzubinden,
einen zum Lustige-Streiche-Erfinden.
Einen zum Regenbogen-Suchen-Gehn
und einen zum Fest-auf-dem-Boden-Stehn.
Einen zum Brüllen, zum Leisesein einen,
einen zum Lachen und einen zum Weinen.
Auf jeden Fall einen, der dich mag,
heute und morgen und jeden Tag.

Regina Schwarz

- Warum ist es wichtig, Freunde zu haben?
- Schreibe auf, was du dir wünschst oder was dich glücklich macht.

Ich habe immer Ärger mit meinem Namen S. 29

Wer mich kennt, weiß, dass ich mich nicht gern keile.

Ich bin still und suche keinen Streit. Neulich habe ich mich aber gekeilt und dann noch viel Ärger mit den Erwachsenen gehabt.

Alles wegen meinem Namen. Alfons ist schon schlimm genug. Die in der Klasse finden Alfons komisch und nennen mich oft Alfonsius. Zitterbacke ist aber noch viel schlimmer. Wenn ich mich wenigstens mit C schreiben würde oder mit K, aber richtig wie Zittern und richtig wie Backe. Das finden alle ganz und gar komisch. In der Klasse wiehern sie dauernd, und wenn ein Lehrer zum ersten Mal zu uns kommt und ich ihm meinen Namen nenne, muss er auch lächeln.

Am schlimmsten sind die Kinder in meiner Straße.

Die rufen mir immer hinterher „Zitterbacke – Hühnerk…“ (das, was sie rufen, kann ich eigentlich gar nicht aussprechen). Aber weh tut's, wenn man das hört.

Ich laufe dann die Straße entlang, pfeife mir eins und überlege mir Namen, wie ich heißen könnte: Alfons Zeppelin, Alfons Müller, meinetwegen auch Alfons Knebelbart, aber Zitterbacke …?

Da ging ich nun, und die aus meiner Straße riefen wieder hinterher „Zitterbacke – Hühnerk…“

Nein, ich konnte es nicht mehr überhören. Ich drehte mich um, schrie etwas, was ich vergessen habe, fuchtelte wütend mit den Armen.

Gerhard Holtz-Baumert

- Warum mag Alfons seinen Namen nicht?
- Was tun die Kinder in seiner Straße?
- Wie würdest du dich fühlen, wenn dich andere Kinder hänseln?

Weißt du eigentlich, wie lieb ich dich hab?

„Rate mal, wie lieb ich dich hab“,
sagte der kleine Hase zum großen Hasen.
„Oh“, sagte der große Hase,
„ich glaub nicht, dass ich das raten kann.“
„So sehr“, sagte der kleine Hase
und breitete seine Ärmchen aus,
so weit er konnte.
Der große Hase hatte viel längere Arme.
„Aber ich hab dich sooo sehr lieb“,
sagte er.
Hm, das ist viel,
dachte der kleine Hase.
„Ich hab dich lieb,
so hoch ich reichen kann“,
sagte der kleine Hase.
„Ich hab dich lieb,
so hoch ich reichen kann“,
sagte der große Hase.
Das ist ziemlich hoch,
dachte der kleine Hase.

Text von Sam McBratney, Illustrationen von Anita Jeram

Lieblingstiere

Thomas bekommt
eine Katze geschenkt.
Die Katze ist schwarz
und hat weiße Pfötchen.
Lotta sagt:
„Bring die Katze doch mal mit,
dann kann sie mit meinem Vogel
spielen."

- Wie wird Thomas sich entscheiden?

Wiesel

Alle Wiesel sind flinke Raubtiere.
Die großen Wiesel sind etwa so lang
wie Eichhörnchen.
Ihr Fell ist am Rücken braun
und am Bauch weiß.
Die Schwanzspitze ist schwarz.

Es gibt mehrere Wieselarten.
Wenn es im Winter kalt ist,
wird das Fell der Wiesel weiß.
Nur die Schwanzspitze bleibt
bei den meisten Arten schwarz.
Wird es im Winter nicht so kalt,
bleibt das Wiesel am Rücken braun.

- Warum wird das Fell im Winter wohl weiß?

AH S. 17

Zungenbrecher

Wenn Fliegen hinter Fliegen fliegen,
fliegen Fliegen hinter Fliegen her.

Wenn ich weiß, was du weißt,
und du weißt, was ich weiß,
dann weiß ich, was du weißt,
und du weißt, was ich weiß.

- Lies die Zungenbrecher so schnell wie möglich vor.

Lauter Unsinn

Am Abend arbeiten alle Ameisenbären 📖 .

Viele Vögel verderben viele Vogelhäuschen.

Wilde Wiesel wackeln wendig wie Wackelpudding.

Klara kann komische kalte Kaugummis klein kauen.

- Fällt dir an den Sätzen etwas auf?
- Denkt euch gemeinsam Zungenbrecher oder Unsinnsätze aus.

AH S. 18

Rätselhaftes Tier-Abc S. 29

Meine Farbe ist wie Erde.
Meine Farbe ist wie Gras.
Meine Farbe ist wie Rinde.
Farben wechseln macht mir Spaß.
Und es hat auch einen Zweck:
Farben – die sind mein Versteck.

Große Ohren, lange Nase,
und viel größer als ein Hase,
kleine Augen wach und schlau,
dicke Haut in schlichtem Grau,
wie Bäume stark die Beine –
wer kennt ihn, den ich meine?

Wenn Mutter große Sprünge tut,
mach ich mir keine Sorgen.
Sie springt weit! Sie springt hoch!
Ich bleibe stets geborgen.

Heinz und Christine Brandt

Paul Maar

AH S. 18

Wörter

❶ Welche Wörter passen zu den Bildern?
Schreibe die Wörter auf.

Hum- | Him- | -mel

Mut- | Va- | -ter

Mäd- | Mär- | -chen

Wie- | -se | -sel

Kir- | -sche | -che

Blu- | -me | -se

❷ Schreibe auch die anderen Wörter auf.

③ Du kannst Bilder zu den Substantiven malen.

❹ Wie heißen die Wörter in der Wörterschlange?

❺ Suche die Wörter in der Wörterliste.

❻ Schreibe die Wörter auf.

Sätze

Lena sitzt am Bett.	Da steht eine Blume.	Lena malt einen Baum.
Lena steht am Baum.	Da liegt ein Heft.	Lena malt eine Blume.
Lena sitzt am Tisch.	Da liegt ein Ball.	Lena schreibt.

1 Welche Sätze passen zu den Bildern?
Schreibe die passenden Sätze auf.

sieben | rechnen | heiße | esse

Ich … Leo.

Ich bin … Jahre alt.

Ich … gern Nudeln.

Ich kann gut … .

2 Schreibe die Sätze mit den passenden Wörtern auf.

Anna mag Eis
Anna mag Eis mit Sahne
Anna mag Eis mit Sahne und Obst

3 Schreibe den Text richtig auf.

4 Zeichne die Satzanfänge und die Punkte farbig nach.

5 Du kannst ähnliche Sätze über dich schreiben.

Substantive und Artikel

Die Kinder der 2a haben mitgebracht,
was sie besonders mögen.

Lea legt eine Kette auf den Tisch.

Timo mag seine Puppe,
aber er bringt lieber sein Auto mit.

Katrin spielt gerne Ball.

Maro will seinen Computer mitbringen,
doch das darf er nicht.
Darum stellt er ein Spiel vor.

1. Schreibe den Text ab.
2. Zeichne die Satzanfänge und die Punkte farbig nach.
3. Unterstreiche, was die Kinder mitbringen.
4. Ordne die unterstrichenen Substantive nach dem Artikel in eine Tabelle.

der / ein	die / eine	das / ein

Tom geht in ___ 2. Klasse.
Er hat ___ Hund.
___ Hund heißt Max.
Tom wünscht sich ___ Fahrrad
zum Geburtstag.
___ Fahrrad soll blau sein.

5. Schreibe den Text mit den passenden Artikeln ab.
6. Zeichne die Satzanfänge und die Punkte farbig nach.

Das Abc

A B C R D E F I G H C I J K L H M
N T O P Q R I S T U V W G X Y Z

1. Sieben Buchstaben passen nicht an dieser Stelle in das Abc.
Schreibe sie nacheinander auf.
Welches Wort entsteht?

2. Welche zwei Buchstaben stehen nach: F, L, O, T, V?
Schreibe so: *F G _ , L _ _ , ...*

3. Welche zwei Buchstaben stehen vor: K, R, U, T, Y?
Schreibe so: *_ J K, _ _ R, ...*

Affe	Maus	Kamel	Pferd	Seelöwe	Vogel
Fisch	Bär	Igel	Nashorn	Tiger	Wal
Hund	Elefant	Giraffe	Löwe	Zebra	Qualle

4. Schreibe alle Tiernamen nach dem Abc geordnet auf.

5. Welche Tiere kennst du aus dem Zirkus? Schreibe die Namen ab.

Arbeit mit der Wörterliste

Baum	Buch	Haus	Katze	Schule	Bild	Vogel

6. Suche diese Wörter in der Wörterliste.
Schreibe so: *der Baum S. 214, ...*

Sätze bilden

Lotta und Maro rechnen	zusammen ein Bild.
Die Kinder singen	in der Pause auf dem Hof.
Anna und Max spielen	Sport.
Wir malen	gerne Lieder.
Alle mögen	die Aufgabe.

❶ Schreibe sinnvolle Sätze.

Inderschuleschreibtpiridenkinderneinenbrief.
Dielehrerindarfdenbriefnichtlesen.

❷ Schreibe die Sätze richtig auf.

Mein Name ist Lotta ich gehe in die 2. Klasse ich singe gern darum will ich einmal Sängerin werden ich male oft vielleicht werde ich auch lieber Malerin.

❸ Schreibe die Sätze richtig auf.
Beginne am Satzanfang groß und
setze am Satzende einen Punkt.

❹ Zeichne die Satzanfänge und Punkte farbig nach.

In der Schule

Nun gehen wir in die 2. Klasse.
Alle lesen, schreiben und rechnen.
Lotta will lieber singen und malen.
Sport mögen alle Kinder.
In den Pausen spielen wir auf dem Hof.

❺ Übe den Text als Diktat.

spielen gehen rechnen singen wollen – will schreiben

Alfons Zitterbacke S. 19

1 Schreibe die richtigen Buchstaben auf.
Sie ergeben ein Lösungswort.

Alfons hat sich wegen seinem Namen gekeilt. A
Alfons hat sich wegen seinem Mantel gekeilt. Z

Die Kinder seiner Klasse nennen ihn oft Alfonsius. L
Die Kinder seiner Klasse nennen ihn oft Albonsius. I

Am schlimmsten sind die Kinder in seiner Klasse. T
Am schlimmsten sind die Kinder in seiner Straße. F

Die Kinder rufen ihm immer hinterher. O
Die Kinder werfen ihm etwas hinterher. E

Er läuft dann am See entlang und pfeift sich eins. G
Er läuft dann die Straße entlang und pfeift sich eins. N

Nein, er konnte es überhören. K
Nein, er konnte es nicht mehr überhören. S

Rätselhaftes Tier-Abc S. 23

2 Schreibe den Text mit den fehlenden Reimwörtern ab.

Grau | meine | Hase | schlau | Beine

Große Ohren, lange Nase,
und viel größer als ein …,
kleine Augen wach und …,
dicke Haut in schlichtem …,
wie Bäume stark die … –
wer kennt ihn, den ich …?

Heinz und Christine Brandt

Bücher lesen heißt
wandern gehen in ferne Welten,
aus den Stuben über die Sterne.
Jean Paul
Ich lese gerne Donald Duck, weil es lustig ist. Judith
Ich lese über Tiere, weil mich das interessiert. Jessica
Ich lese gerne Kinderkrimis. Franziska
Ich lese Bücher, wenn meine Schwester mich nervt. Nadine
Ich lese, weil ich viel erfahren will. Stefanie
Ich lese, wenn es nichts im Fernsehen gibt. Lukas

Lesen und schreiben

Die Bücherei

In der Bücherei gibt es viele Bücher.
Damit man die einzelnen Bücher leichter findet,
sind sie nach Bucharten und dem Abc sortiert.

In Tierbüchern	findest du Geschichten über Hexen.
In Kochbüchern	kannst du Wörter nachschlagen.
In Märchenbüchern	stehen viele Rezepte.
In Bilderbüchern	erfährst du etwas über Tiere.
In Wörterbüchern	gibt es viele Bilder.

❶ Schreibe die richtigen Sätze auf.

❷ Kennst du noch andere Bucharten?

③ Sprecht in der Klasse über eure Lieblingsbücher.

AH S. 19

Die Klassenbücherei

In der Klasse von Lotta und Maro gibt es eine Klassenbücherei. Die Kinder legen für jedes Buch eine Karte an und ordnen sie nach dem Abc.

1. Ordne die Bücher nach dem Titel.
   Schreibe die Titel nach dem Abc geordnet auf.

Wenn man Wörter mit gleichen Anfangsbuchstaben nach dem Abc ordnen will, muss man den zweiten, dritten … Buchstaben vergleichen.

Madita	Pippi	Riese
Michel	Piraten	Ritter

2. Ihr könnt eine Klassenbücherei einrichten. Ordnet die Bücher nach den Titeln oder den Autoren/Autorinnen.

3. Schreibt zu den Büchern Lesekarten.

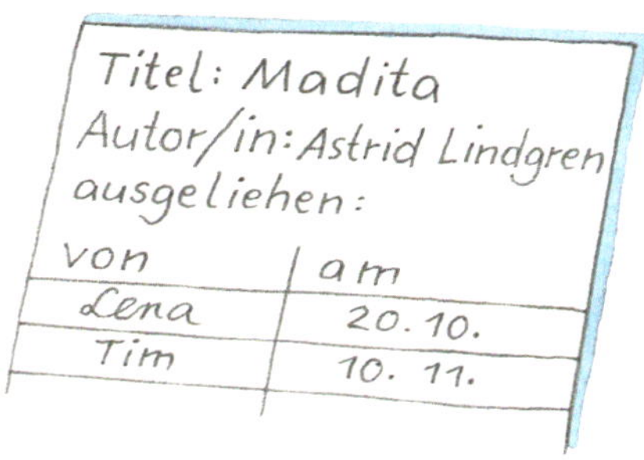

S. 48
S. 50/51

Meine Bücher

Ich liebe meine Bücher,
jedes Buch ist ein Haus.
Die Leute darin
kommen heraus.

Es kommen zu mir
Bettler, Prinz und Pilot,
Max und Moritz,
Schneeweißchen und Rosenrot.

Josef Guggenmos

1. Sprecht über eure Lieblingsbücher.

2. Schreibe auf, wer aus deinen Büchern herauskommt.

Maro hat die Figuren aus seinen Büchern am Computer aufgeschrieben. Dabei hat er einige Buchstaben weggelassen.

3. Welche Buchstaben musst du einsetzen? Schreibe die Wörter vollständig auf.

A, e, i, o, u nennt man **Selbstlaute (Vokale)**.
Alle anderen Laute des Abc heißen **Mitlaute (Konsonanten)**.
Bei ihnen klingen Selbstlaute mit.

4. Ihr könnt Figuren aus Büchern oder Filmen ohne Selbstlaute aufschreiben. Lasst eure Nachbarn raten.
Beispiel: *W. ld. K. rl.*

S. 40

AH S. 20/21

Kasperle und Oma

Habt ihr schon gehört, ihr Leute:
Oma hat Geburtstag heute!
Darum sagte sie zu mir:
Kasperle, das feiern wir.
Lauf zum Bäcker Brezelbein
und kauf Pfannekuchen ein.

Nils Werner

❶ Was sagt der Kasperle? Was fällt dir auf?

❷ Schreibe den Text auf.
Male alle Selbstlaute farbig nach.

> In jedem Wort kommt mindestens ein Selbstlaut vor.
> In jeder **Silbe** steht ein **Selbstlaut**: **A**ff**e**, Sch**u**l**e**, **O**hr, Br**i**ll**e**.

░rdnen ░chsen ░rden?

░ntersucht ░lli ░nsere ░hren?

❸ Welche Buchstaben fehlen?
Schreibe den Text vollständig auf.

④ Ihr könnt gemeinsamn solche Sätze
mit a, e und i erfinden.

Wand – *Wind*	Dackel – ...
Tante – ...	Watte – ...
Salbe – ...	Halm – ...

❺ Schreibe die Wortpaare mit den passenden Selbstlauten auf.

❻ Male die Selbstlaute nach. Setze die Silbenbögen.

AH S. 20/21

Briefe schreiben

Jährlich verschicken wir viele Briefe, Postkarten und Pakete.
Diese legen dabei oft lange Strecken zurück.
Von Reisen schreiben wir gerne Ansichtskarten.
Alle Länder haben eigene Briefmarken.

Substantive können in der **Einzahl** (Singular) stehen:
der Brief (**ein** Brief)
oder in der **Mehrzahl** (Plural):
die Briefe (**mehrere** Briefe).

1. Schreibe den Text ab.
2. Unterstreiche alle Substantive.
3. Trage sie in eine Tabelle ein. Ergänze die Einzahl.

Einzahl	*Mehrzahl*
...	*die Briefe*

4. Hast du selber schon einen Brief oder eine Karte geschrieben?

Viele Kinder schreiben gerne Briefe.
Auch Lotta nimmt ein Blatt Papier.
Sie schreibt an Maro.
Sie will später mit ihm auf der Wiese spielen.
Das macht ihr immer riesigen Spaß.
Sie ist gespannt, was er antwortet.

❺ Schreibe den Text ab.

So könnt ihr den Text zu zweit üben:

1. Lest euch den Text beide gut durch.
2. Ein Kind liest langsam vor, das andere schreibt.
3. Kontrolliert den Text und berichtigt die Fehler.
4. Nun kann gewechselt werden.

❻ Unterstreiche alle Wörter mit Sp/sp und schreibe sie ab.

❼ Schreibe alle Wörter mit Sp/sp aus der Wörterliste ab.

❽ Unterstreiche alle Wörter mit ie und schreibe sie ab.

Oft wird ein lang gesprochenes i als ie geschrieben:
Br**ie**f, l**ie**b, sp**ie**len.

❾ Ergänze jeweils ie und schreibe die Reimpaare ins Heft.

l░░gen	W░░ge	s░░	D░░b
s░░gen	L░░ge	d░░	l░░b

S. 42/43

Ein Brief von Finja

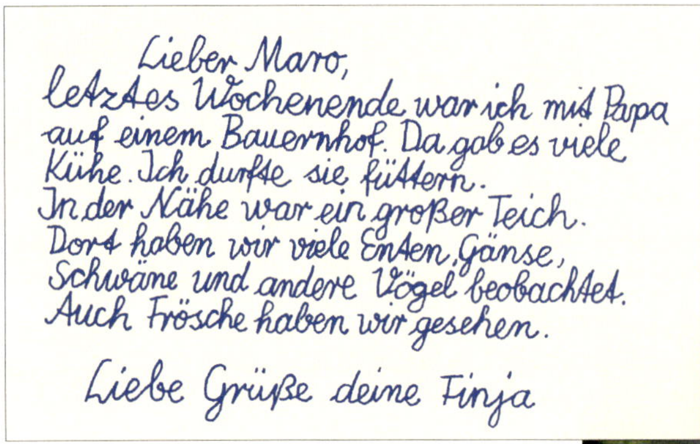

Lieber Maro,
letztes Wochenende war ich mit Papa
auf einem Bauernhof. Da gab es viele
Kühe. Ich durfte sie füttern.
In der Nähe war ein großer Teich.
Dort haben wir viele Enten, Gänse,
Schwäne und andere Vögel beobachtet.
Auch Frösche haben wir gesehen.

Liebe Grüße deine Finja

❶ Warst du auch schon auf einem Bauernhof?
Erzähle darüber.

❷ Finja hat in ihrem Brief viele Substantive in der Mehrzahl verwendet.
Schreibe sie zusammen mit der Einzahl in dein Heft.
Was fällt dir bei a, o, u auf?

> Bei manchen Substantiven kann in der **Mehrzahl** aus einem Selbstlaut ein **Umlaut** werden: **a** ⟶ **ä**, **o** ⟶ **ö**, **u** ⟶ **ü**.

Dorf Stadt Fluss Hof Huhn Hahn Lamm Bach Kalb

❸ Schreibe die Substantive in der Einzahl und in der Mehrzahl auf:
das Dorf – die Dörfer, …

S. 43

AH S. 23

Maro antwortet

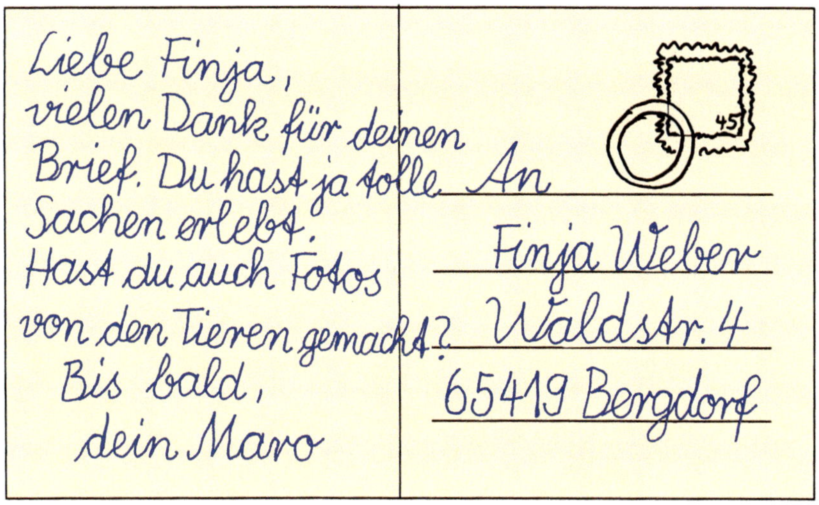
Liebe Finja,
vielen Dank für deinen
Brief. Du hast ja tolle
Sachen erlebt.
Hast du auch Fotos
von den Tieren gemacht?
Bis bald,
dein Maro

An
Finja Weber
Waldstr. 4
65419 Bergdorf

❶ Worauf sollte Maro in Zukunft achten?
Was fällt dir auf?

Wenn ein Wort nicht mehr in eine Zeile passt, musst du es trennen oder eine neue Zeile beginnen: **le** – **sen**, **hö** – **ren**.

❷ Trenne die Substantive.
Schreibe so: *die Läm-mer, …*

Lämmer Kälber Kühe

Gänse Vögel Schwäne

❸ An wen könntest du schreiben?
Denke immer an die Anschrift,
die Anrede und deine Unterschrift.

④ Ihr könnt einen Briefkasten für eure Klasse basteln.

S. 41

AH S. 24

Der Buchstabenvogel S. 57

Auf einem Baum, nahe beim Schulhaus, hat ein Vogel sein Nest. Jeden Tag schaut er von seinem Ast aus den Kindern zu. „Warum schreiben die Kinder?“, fragt der Vogel die Eule, die auf dem nächsten Baum wohnt. „Damit sie klug werden“, sagt die Eule. ‚Ich will auch klug werden!‘, denkt der Vogel. Jeden Morgen in der großen Pause stehen die Fenster offen und das Schulzimmer ist leer. Der Vogel fliegt durchs Fenster und hüpft tipp! tipp! tipp! auf den Pulten herum. Auf den Pulten liegen offene Hefte. Die Buchstaben in den Heften riechen nach frischer Tinte. ‚Ich will die Buchstaben fressen‘, denkt der Vogel, ‚dann werde ich klug. Klug wie die Eule!‘ Er pickt an einem kleinen a. „Nicht schlecht“, krächzt er und schnabuliert den Buchstaben. Nach der Pause ruft ein Mädchen: „Oh, mein Wort hat eine Lücke! Ich habe einen Buchstaben vergessen. Aber welchen?“

Eveline Hasler

Berliner Schulvers

Bunte Bohne Tintenfass,
Jeh nach Schule un lerne was.
Lernste was, denn kannste was,
Kannste was, denn biste was,
Biste was, denn haste was,
Bunte Bohne Tintenfass.

Heinrich Zille

- Lies den Vers und betone ihn.
  Woran erkennst du, dass es gesprochene Sprache ist?

AH S. 25

Lustige Tierreime

Wenn sich aalglatte Aale aalen,
staunen die Krebse in ihren …… .

Der Dachs mag seine Streifen sehr,
am liebsten hätte er noch …… .

Die Fledermaus scheut Sonnenlicht,
drum sieht man sie bei Tag auch …… .

Der Jaguar ist schön gefleckt,
drum wird er auch nicht leicht …… .

Der Maulwurf kann es gar nicht fassen,
dass Menschen seine Hügel …… .

Edith Schreiber-Wicke/Carola Holland

- Lies die Sätze und finde die Reimwörter.
- Schreibe drei Verse auf. Male dazu.

Silbenklatschen

Hurra, hurra wir klatschen viel.
Das ist ein tolles Silbenspiel!

Im Theater wird geklatscht, wenn ein Stück vorbei ist und man sich bei den Schauspielern bedanken will. Klatsche im Rhythmus.

Dan-ke-schön,
Auf Wie-der-sehn.
Eu-er Stück
war wun-der-schön.
Dan-ke-schön,
wir klat-schen laut
ha-ben ger-ne zu-ge-schaut.

Erwin Grosche

Post für den Tiger S. 57

Einmal als der kleine Bär wieder zum Fluss angeln ging, sagte der kleine Tiger:
„Immer wenn du weg bist, bin ich so einsam. Schreib mir doch mal einen Brief aus der Ferne, damit ich mich freue, ja!“

„Ist gut“, sagte der kleine Bär und nahm gleich blaue Tinte in einer Flasche mit, eine Kanarienvogelfeder, denn damit kann man gut schreiben. Und Briefpapier und einen Umschlag zum Verkleben. Unten am Fluss hängte er zuerst einen Wurm an den Haken und dann die Angel in das Wasser.

Dann nahm er die Feder und schrieb mit der Tinte auf das Papier einen Brief:

„Lieber Tiger!
Teile dir mit, dass es mir gut geht.
Wie geht es dir? Schäle inzwischen die Zwiebeln und koch Kartoffeln, denn es gibt vielleicht Fisch.
Es küsst dich dein Freund Bär ...“

Janosch (gekürzt)

○ Was könnte der kleine Tiger seinem Freund zurückschreiben? Du kannst dir einen Brief ausdenken.

AH S. 26

Der Brief

Es kommt von mir,
es geht zur dir.
Es ist kein Mensch,
es ist kein Tier.
Es ist nur dies:
ein Stück Papier.

Ein Stück Papier,
jedoch es spricht.
Es bringt von mir
dir den Bericht:
Ich hab dich lieb,
vergiss mich nicht.

Josef Guggenmos

○ Du kannst das Gedicht auswendig lernen.

So kannst du ein Gedicht auswendig lernen:

1. Lies den Text mehrmals laut.
   Versuche dabei, betont zu lesen.
2. Teile jede Strophe in sinnvolle Abschnitte.
3. Sprich dann jeden Abschnitt so oft,
   bis du ihn auswendig kannst.
4. Sprich dann den nächsten Abschnitt.
5. Sprich nun das ganze Gedicht auswendig.

Xaveria Rotpelz, die Bücherkatze

Die Bücherkatze Xaveria Rotpelz
verbringt die meiste Zeit des Winters
in einer gut geheizten Dachkammer.
Dort liegt sie in einer Hängematte und liest.

Die fünf Mäuse,
die auch auf dem Dachboden wohnen,
haben nichts zu befürchten.
Hier oben ist ewiger Friede –
hier wird gelesen!
Sogar die Fliegen und die Motten
lesen in dieser Dachkammer
winzige Insektenromane.
Und die Spinne, die im Gebälk wohnt,
hat schon lange
kein Netz mehr gesponnen.
Sie hat keine Zeit dazu,
sie lernt gerade das Abc.

Ganz still ist es
auf dem Dachboden.
Man könnte meinen,
hier ist nichts los,
hier langweilt sich jeder.
Weit gefehlt!
Die Stille knistert
nur so vor Spannung.

Die Leser sind auf
fantastischer Reise.
Sie sehen Gegenden,
in die man mit keinem Schiff kommt.
Sie erleben gefährliche Abenteuer
aller Art.
Sie sehen Länder,
die es gar nicht gibt!
Überallhin kommen sie,
es gibt nichts,
das sie aufhalten kann.
Und dabei haben sie es
gleichzeitig urgemütlich.
Bücherlesen ist doch echte Zauberei …

Erwin Moser

- Wo liest du gerne?
- Was hast du beim Lesen schon alles erlebt?

Schlagzeilen

Charles M. Schulz

- Welche Bücher und Zeitschriften hast du bereits gelesen? Erzähle darüber.

AH S. 27

Das verzauberte Klassenzimmer

Heute ist Samstag und es regnet schon den ganzen Morgen. Joschi ist sauer, denn er wollte eigentlich mit seinem besten Freund Benni draußen Fußball spielen. Eigentlich liest er nicht gerne, aber vor lauter Langeweile schaut er sich seine Bücher im Regal an. Auf einem Buchrücken liest er: *„Das verzauberte Klassenzimmer“*. Zögernd nimmt er das Buch heraus und liest auf der Rückseite den Text. Dieser Rückseitentext verrät ihm schon etwas über den Inhalt.

Plötzlich ist sie einfach da – Inga, die neue Schülerin. Die Kinder der Klasse 2b merken schnell, dass Inga anders ist: Sie kann nämlich zaubern. Als sie die schaurig schweren Aufgaben an der Tafel rechnen soll, beginnt auf einmal die Kreide zu tanzen …

„Oh“, denkt Joschi, „kann Inga wirklich zaubern?“
Er beginnt zu lesen. Da wird es auch schon spannend:

Die Klasse 2 b hatte gerade Rechnen bei Herrn Grempel.
Da klopfte es. Ein Mann, ein Mädchen und ein Elefant guckten durch die Tür.
„Ist das hier die Klasse 2b?“, fragte der Mann. Herr Grempel nickte verdattert. „Ich bringe Ihnen eine neue Schülerin“, sagte der Mann. „Meine Tochter Inga.“
Inga lächelte. „Viel Spaß, mein Kind“, sagte ihr Vater.
„Ich lasse den Elefanten auf dem Schulhof. Vergiss nicht, ihn zu füttern.“

Der Elefant winkte mit dem Rüssel. Ingas Vater verbeugte sich bis zur Erde und verschwand wieder. Inga aber hüpfte zu dem einzigen leeren Platz. Ganz hinten, neben dem dicken Max.
„Na so was!“, murmelte Herr Grempel. Dann drehte er sich um – und schrieb ein paar schaurig schwere Aufgaben an die Tafel.
Die ersten drei löste Carina, die schnellste Rechnerin der Klasse. Danach kam Inga an die Reihe. „Na, dann wollen wir mal sehen, was du kannst!“, sagte Herr Grempel ...

„J o – s c h i!“, ruft Mama aus dem Flur, „Benni ist am Telefon und fragt, ob du zu ihm kommen willst.“ Joschi guckt aus dem Fenster. Es hat endlich aufgehört zu regnen. Aber eigentlich will er wissen, wie die Geschichte weitergeht.

- Wie wird Joschi sich entscheiden?
  Was hättest du gemacht?
- Wie könnte die Geschichte von Inga und dem verzauberten Klassenzimmer weitergehen?

Nachdem Joschi „Das verzauberte Klassenzimmer“ gelesen hat, überlegt er, welches dieser Bücher er als nächstes lesen möchte.

○ Für welches Buch würdest du dich entscheiden und warum?
Du kannst dich in einer Bücherei über die Bücher informieren.

Dein Lesetipp

- Gefällt dir ein Buch besonders gut? Stelle es deiner Klasse vor.
- Schreibe dazu einen Lesetipp. Drei kurze Sätze genügen.

Joschi macht es mit seinem Buch so:

Lesetipp von: Joschi

Titel des Buches: Das verzauberte Klassenzimmer

Autor/in: Cornelia Funke

Das passiert in einem Buch: Inga kommt neu in die Klasse. Sie kann zaubern. Inga hat einen Elefanten dabei.

Es gefällt mir, weil Inga mit der Zauberkreide schwere Aufgaben rechnen kann.

- Ordnet die Lesetipps in die Lesekartei eurer Klassenbücherei ein.
- ○ Ihr könnt die Lesetipps auf die Rückseite der entsprechenden Lesekarte kleben.

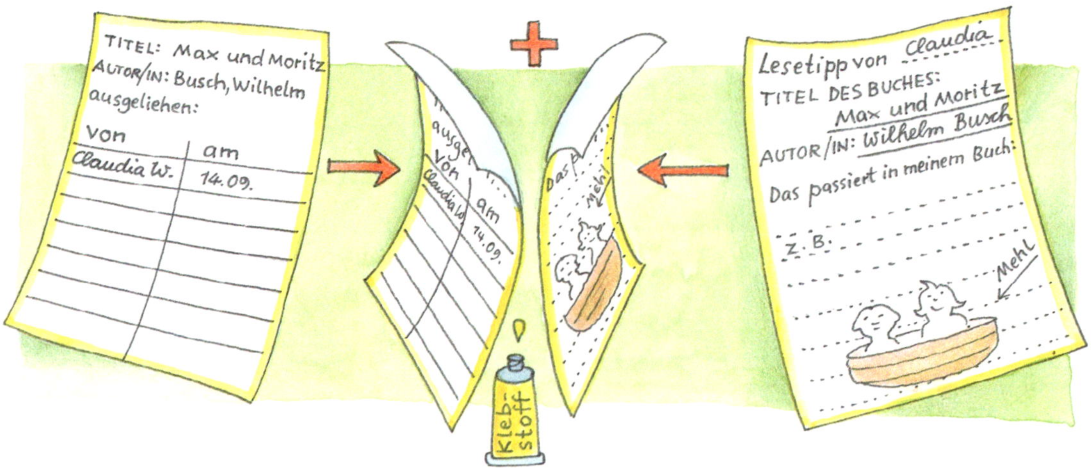

- ○ Ihr könnt mit den Lesetipps ein Klassenplakat gestalten.

Aus dem Leben von Cornelia Funke

Das Buch „Das verzauberte Klassenzimmer“ schrieb Cornelia Funke.
Sie ist die Autorin des Buches und hat auch die Bilder dazu gemalt.

Cornelia Funke wurde 1958 in Norddeutschland geboren, sie lebt aber heute mit ihrer Familie in Amerika.
Sie hatte schon früh Spaß am Zeichnen und so studierte sie Buchillustration.

Da ihr aber die Texte oft nicht gefielen, zu denen sie zeichnen sollte, begann sie eigene Geschichten zu schreiben. So wurde sie zu einer bekannten Autorin von Kinder- und Jugendbüchern.

Cornelia Funke hat bereits über 50 Bücher geschrieben.
Einige sind auch als Hörspiele oder Hörbücher erschienen, andere wurden sogar verfilmt.

Rund um die Bibliothek

Eine Bibliothek ist ein Ort, an dem Bücher gesammelt und ausgestellt werden. Dort kannst du Bücher lesen und ausleihen. Außerdem findest du hier auch Comics, Zeitschriften, Hörbücher und Musik-CDs.

Wenn du etwas aus der Bücherei mit nach Hause nehmen willst, brauchst du einen Leseausweis. So weiß man, welche Bücher du dir ausgeliehen hast und wann du sie zurückgeben musst.

Früher wurde alles mit der Hand aufgeschrieben. Heute erfassen meist Computer die Angaben zu den Büchern.
Große Büchereien stellen Informationen über ihre Öffnungszeiten oder Bücher ins Internet.

- Wo ist in deiner Nähe eine Bücherei?
- Plant einen Besuch.
- Sammelt Fragen, die ihr stellen könnt.

Jedes Buch, das neu ankommt, erhält eine Nummer und wird in einen Katalog eingetragen. Danach ordnet die Bibliothekarin das Buch in das richtige Regal. Sie hilft dir, wenn du ein Buch suchst. Für Schulklassen bereitet sie Führungen vor.

Die Leser kommen jeden Tag mit vielen Fragen und Wünschen zur Bibliothekarin: Sie suchen ein bestimmtes Buch, sie wollen die ausgeliehenen Sachen noch länger behalten …
Aber auch die Bibliothekarin hat einige Wünsche an die Nutzer.

- Welche Wünsche könnten das sein?

Auch in vielen Schulen gibt es Bibliotheken, in denen sich die Kinder Bücher ansehen, lesen und ausleihen können. Auch hier muss man bestimmte Regeln beachten.

- Überlegt euch Regeln für das Ausleihen von Büchern, die auch für eure Klassenbücherei gelten können.

Jede Silbe hat einen König

1 Schreibe die Wörter in dein Heft und markiere die Könige.
Schreibe so: *Sonne, …*

Sonne

Katze

Fisch

Hase

Buch

Tisch

Schule

Tafel

2 Setze die Silbenbögen: *Sonne, …*

3 Suche den richtigen Weg.
Schreibe den Lösungssatz auf.

Substantive

❶ Lies den Text und setze für die Bilder Substantive ein.

Hexe Trixi sitzt auf einer  .

Sie hat einen gelben  und einen grünen  an.

Ihr Haus ist alt und das  ist schief.

Trixis Lieblingstier ist ein  .

Er steht am Bach und hat einen  im 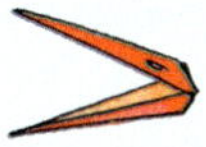 .

❷ Schreibe den Text mit den passenden Substantiven auf.

Hut Bank Rock Storch Frosch Schnabel Dach

❸ Unterstreiche die eingesetzten Substantive.

Reimwörter

❹ Suche die Reimpaare. Was fällt dir auf?
Schreibe sie so auf: *Bank – Schrank, …*

Stuhl
Schrank

Mut
Mütze

Kleid
Stock

Fach
Tuch

Maus
Hose

Tanne
Tonne

Wörter nach dem Abc ordnen und nachschlagen

Brief | Apfel | Wiese | Drachen | Kuchen | Spaß | Lied | Zwerg

❶ Schreibe die Substantive nach dem Abc geordnet auf.

❷ Vergleiche mit der Wörterliste.

Fisch | Fohlen | Fink | Frosch | Fliege | Ferkel | Floh | Forelle

❸ Schreibe die Tiernamen nach dem Abc geordnet auf.

❹ Unterstreiche alle Tiere, die im oder am Wasser leben blau.

Selbstlaute und Umlaute

Der W**a**nd weht. Die K**a**nder wollen ihre Dr**i**chen steigen lassen. Auf einmal **o**st der H**a**mmel ganz schw**u**rz. D**u**nner gr**o**llen und Bl**a**tze zucken. Sch**o**de!

❺ Lies den Text.

❻ Schreibe den Text mit den richtigen Selbstlauten auf.

P_r_ b_st_lt d_n Dr_ch_n.

_r r_nnt l_s. N_n _st d_r

Dr_ch_n h_ch _n d_r L_ft.

❼ Schreibe die Sätze richtig auf.

Vogel | Apfel | Topf | Nacht | Rad | Kopf

Räder | Nächte | Äpfel | Töpfe | Köpfe | Vögel

❽ Welche Substantive gehören zusammen?
Schreibe so: *der Apfel – die Äpfel, …*

❾ Unterstreiche die Veränderungen.

Einzahl und Mehrzahl

Schwein Pferd Spinne Affe Vogel Floh Katze

Hund Ziege Gans Schaf Lamm Huhn Kuh

❶ Schreibe die Tiere mit Artikel in Einzahl und Mehrzahl auf.

❷ Unterstreiche die Veränderungen.

❸ Kennst du noch andere Tiere? Schreibe sie in der Einzahl und der Mehrzahl auf.

M • dchen K • fer L • ffel Sch • fer W • rfel

❹ Welche Umlaute fehlen?

❺ Schreibe die Substantive mit Artikel untereinander.

❻ Bilde die Mehrzahl und schreibe sie neben die Einzahl. Was fällt dir auf?

Zusammensetzen und trennen

Wol- Kin- Him- Re- Blu- Dra- Ap Wie-

-der -mel -ke -me -se -gen -chen -fel

❼ Setze die Silben zu Substantiven zusammen.
Schreibe so: *die Wolke, …*

Fern|seh|zei|tung Briefpapier Lesewettstreit

Bilderbuchumschlag Gespenstergeschichte Postkarte

❽ Schreibe die Substantive so auf: *die Fern-seh-zei-tung, …*

Wörter mit Sp/sp und ie

❶ Schreibe den Text ab.

Lotta liest gern spannende Bücher. Maro geht lieber auf die Wiese.
Dort spielt er mit seinen Freunden Fußball.
Das macht ihnen viel Spaß. Sie lassen später einen Drachen fliegen.

❷ Unterstreiche alle Wörter mit Sp/sp.

❸ Schreibe alle Wörter mit Sp/sp heraus.

❹ Unterstreiche alle Wörter mit ie.

❺ Schreibe alle Wörter mit ie heraus.

❻ Setze Sp oder St ein. Schreibe die Substantive mit Artikel ins Heft.

…ern …iel …uhl …inne …ort …iefel

❼ Klingt das i kurz oder lang? Schreibe die Substantive mit Artikel auf.

B?ld B?ne F?sch Br?f K?ste R?se

Der Brief

Lotta will mit ihrem Papa spielen.
Aber er liest lieber. Da schreibt
sie ihm einen Brief. Papa lacht
und sie gehen auf die Wiese.
Sie lassen einen Drachen fliegen.
Das macht viel Spaß.

❽ Übe den Text als Diktat.

Brief spielen lesen – liest lieber Wiese viel Spaß

Der Buchstabenvogel

S. 40

❶ Schreibe die Sätze in der richtigen Reihenfolge auf.
Die Buchstaben ergeben ein Lösungswort.

Er pickt an einem kleinen a. B

Der Vogel fliegt durchs Fenster und hüpft tipp! tipp! tipp! auf den Pulten herum. A

Nach der Pause ruft ein Mädchen: „Oh, mein Wort hat eine Lücke!" E

Auf einem Baum, nahe beim Schulhof hat ein Vogel ein Nest. R

Post für den Tiger

S. 42

❷ Schreibe den Text mit den zutreffenden Wörtern ab.

Der kleine *Bär/Tiger* geht am Fluss angeln.

Der kleine *Bär/Tiger* ist immer *glücklich/einsam*, wenn sein Freund nicht da ist.

Da schreibt ihm der kleine Bär *einen Brief/eine Postkarte.*

Er schreibt mit *roter/blauer* Tinte und *einem Füller/einer Vogelfeder.*

Der Tiger soll schon mal *Fenster putzen/Zwiebeln schälen* und Kartoffeln *backen/kochen.*

Ich träume davon, dass ich Frisörin bin, weil es zu mir passt, und dass ich Patris heirate. Lisa
Ich wünsche mir, dass ich später Tierpflegerin werde und die Tiere im Zoo gut pflegen kann. Laura
Wenn ich groß bin, möchte ich ein weltbekannter Fußballer sein. Marc
Mein Wunsch ist, dass ich einen kleinen Bruder bekomme, der später Fußball mit mir spielt. Nick
Ich wünsche mir, dass mein Hase Funny ein langes Leben hat! Lara
Ich wünsche mir einen Hund, der auf mich aufpasst, wenn Mutti nicht da ist. Hoang
Später möchte ich einmal Ärztin werden und kranken Menschen helfen. Luana
Ich wünsche mir, dass ich später viele Freunde habe. Anja
Ich möchte Meeresbiologe werden, weil ich Meerestiere mag und ihr Leben interessant finde. Sebastian
Ich wünsche mir sehr, später einmal ein richtiger Popstar zu sein und viel Geld zu verdienen. Leonid

Wünschen und träumen

T: Monika Erhardt; M:Reinhard Lakomy

Traumzauberbaum

Das sind einige Blätter des Traumzauberbaums der Klasse 2 a. Maro, Anne, Chantal und Tom haben vorher über ihre Wünsche und Träume gesprochen.

❶ Welche Wünsche oder Träume habt ihr? Sprecht darüber.

❷ Schreibe deinen Wunsch oder Traum auf.

❸ Kontrolliere, ob du alle Substantive und die Satzanfänge großgeschrieben hast.

④ Ihr könnt auch einen Traumzauberbaum anfertigen.

S. 72

AH S. 28

Lotta hat ihren Wunsch mit dem Computer geschrieben.
Leider hat sie die Leertaste nicht gedrückt.

IchmöchteWissenschaftlerinwerden.
DannkannichDinosaurierknochenausgraben.
DasistmeingrößterWunsch.

Lotta

5 Schreibe Lottas Text richtig auf.
Die schwierigen Wörter heißen:

Wissenschaftlerin ausgraben Dinosaurierknochen

Ich träume davon, Popstar
zu werden das wäre toll man
ist im Fernsehen ich
verdiene dann viel Geld

Martin

6 Was hat Martin beim Schreiben nicht beachtet?
Schreibe den Text richtig auf.

Ich möchte ärztin werden, weil ich
dann menschen helfen kann.

Leoni

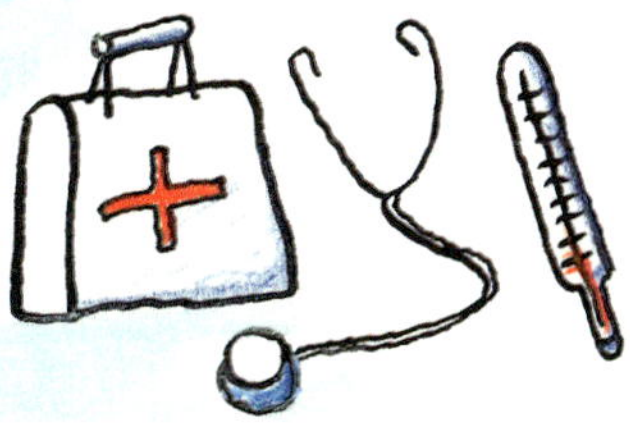

7 Auch Leoni hat ihren Text am Computer geschrieben.
Warum sind zwei Wörter rot unterstrichen?
Schreibe den Text richtig auf.

AH S. 28

Winterschlaf

Hinten im Garten hält im alten Schuppen
ein Igel Winterschlaf.
Durch ein Loch in der Tür
war er im Herbst hineingekrochen.
Ab und zu schleichen Tina und Tom zum Igel.

Doch diesmal bekommen sie einen Schreck.
Er liegt nicht mehr da.
- Wo ist der Igel nur?
- Ist er schon aufgewacht?
- Hat er sich einen anderen Schlafplatz gesucht?
- Wird er genug Futter finden?
- Hat ihn jemand weggeholt?
- Ob der Igel im Komposthaufen schläft?

Tina und Tom wünschen sich nur,
dass es dem Igel gut geht.
- Ob er im nächsten Winter wiederkommt?

❶ Wo könnte der Igel sein?

Tina und Tom stellen sich viele Fragen.

> Wenn man etwas wissen will, stellt man Fragen.
> Am Ende eines Fragesatzes steht immer ein **Fragezeichen**.

❷ Schreibe die Fragesätze ab.
Zeichne die Satzanfänge und
Fragezeichen farbig nach.

③ Du kannst weitere Fragen aufschreiben.

S. 73

Tom und Tina rennen ins Haus
Wo ist nur das Kinderlexikon
Endlich finden sie es
Aufgeregt blättert Tina
in dem dicken Buch
Wo soll sie nur nachschauen
Sie fragt Tom:
„Muss ich bei *Igel* nachlesen “
Doch der sagt:
„Nein, ich würde bei *Winterschlaf*
nachgucken “

❹ Wo würdet ihr nachschauen?

❺ Schreibe den Text ab.
Setze die richtigen Satzschlusszeichen.

❻ Zeichne die Satzschlusszeichen farbig nach.

Wie lange halten Igel Winterschlaf

Füchse und Dachse sind Feinde der Igel

Igel halten etwa fünf Monate Winterschlaf

Welche Feinde haben Igel

❼ Welche Sätze sind Fragesätze,
welche Aussagesätze?

❽ Schreibe die Fragen
mit den richtigen Antworten auf.

❾ Zeichne alle Satzanfänge und
Satzschlusszeichen farbig nach.

S. 73

Maros Wunsch

Die Klassen 2 a und 2 b spielen Fußball. Es steht 2:2.

Er umspielt zwei Kinder der anderen Mannschaft.

Er schießt auf das Tor.

Da bekommt Maro den Ball. Er möchte endlich einmal ein Tor schießen.

❶ Welche Sätze passen zu den Bildern? Schreibe die Sätze geordnet auf.

❷ Denke dir einen Schluss aus.

❸ Denke dir eine Überschrift aus.

④ Du kannst auch eine eigene Fußballgeschichte schreiben.

S. 74/75

Fragen nach dem Spiel

Das Spiel ist aus.
Maros Mannschaft freut sich über den Sieg.
Aufgeregt rennen die Kinder zu Maro.
Sie wollen viel von ihm wissen.
Alle sprechen durcheinander.
„Wer hat dir den Ball eigentlich zugespielt?“
„Warum hast du in die linke Torecke geschossen?“
„Was machst du jetzt?“
„Wann wollen wir wieder zusammen trainieren?“
So viele Fragen kann Maro gar nicht auf einmal beantworten.

Viele Fragesätze beginnen mit Fragewörtern wie:
Was? **Wer?** **Warum?** **Wie?** **Wo?**

1. Schreibe ab, was die Kinder fragen.
2. Unterstreiche die Fragewörter.

Zu Hause erzählt Maro von dem Fußballspiel.
Seine Mutter fragt weiter.

____ habt ihr Fußball gespielt?
____ haben deine Freunde gesagt?
____ spielt ihr wieder gegen die 2b?
____ geht es dir jetzt?

Wo Was
Wie Wann

3. Schreibe die Fragen mit den passenden Fragewörtern ab.

AH S. 29

Rosis Traum

Auf der Weide sind viele Schafe.
Rosi *wohnt/lebt* auch dort.

Eines Tages bleibt das Tor offen.
Rosi *springt/geht* hinaus.

Im Garten nebenan *nascht/frisst* sie die Blumen.

Nun *schleichen/rennen* alle Schafe Rosi hinterher.

❶ Welche Wörter passen besser zu den Bildern?
Entscheide dich immer für ein Wort.

❷ Schreibe deinen Text ab.

❸ Erzähle deine Geschichte zu Ende.

④ Du kannst deinen Schluss auch aufschreiben oder malen.

S. 76/77

Hausspruch

In meinem Haus,
da wohne ich,
da schlafe ich
da esse ich.
Und wenn du willst,
dann öffne ich
die Tür
und lass dich ein.

In meinem Haus,
da lache ich,
da weine ich,
da träume ich.
Und wenn ich will,
dann schließe ich
die Tür
und bin allein.

Gina Ruck-Pauquèt

❶ Vergleiche beide Strophen.
Was will die Autorin sagen?

❷ Schreibe das Gedicht ab.

❸ Was tut die Autorin in ihrem Haus? Unterstreiche es.

Verben (Tätigkeitswörter) sagen,
was Menschen, Tiere, Pflanzen und Dinge tun.
Verben werden **kleingeschrieben**.

❹ Schreibe die unterstrichenen Verben so auf:
ich wohne – wohnen …

⑤ Was tust du zu Hause?
Du kannst es aufschreiben.

Kinderwünsche

Lea wünscht sich einen Hund.
„Den wünschen wir uns auch“,
rufen Anne und Maro.
Aber die Eltern sind dagegen.
„Was wünschst du dir noch?“,
fragen Anne und Maro.
„Ich wünsche mir,
dass wir immer Freunde bleiben.“

1. Schau dir das Verb „wünschen“ im Text an. Fällt dir etwas auf?

2. Schreibe so: *ich wünsche*
   du wünschst
   er wünscht
   wir wünschen

3. Unterstreiche, was bei den Verben gleich bleibt.

Verben können sich verändern.
Was gleich bleibt, nennt man **Wortstamm**.
Was sich verändert, nennt man **Endung**.
Die Endung richtet sich danach, wer etwas tut.

4. Zeichne eine Tabelle. Ergänze die Verben.

ich	*du*	*er / sie / es*	*wir*
ich sage	*du ...*	*er ...*	*wir ...*
ich spiele			
ich singe			
ich rede			

5. Zeichne die Endungen farbig nach.

S. 78/79

AH S. 30

Anne wünscht sich ein neues Fahrrad.
Sie schreibt einen Wunschzettel:
Ich wünsche mir ein grünes Rennrad
mit vielen Gängen.
Damit fahre ich auch sehr vorsichtig.
Papa lacht laut:
„Am nächsten Sonntag fahren wir
gemeinsam an den See.
Vielleicht geht dein Wunsch
bis dahin in Erfüllung."

6 Schreibe alle Wörter mit dem Wortstamm -fahr- auf.

7 Schreibe alle Wörter mit dem Wortstamm -wunsch-/-wünsch- auf.

8 Unterstreiche die Wortstämme.
Fällt dir etwas auf?

Wörter mit einem gemeinsamen Wortstamm gehören
zu einer **Wortfamilie**.
Der **Wortstamm** bleibt meist in allen Wortarten **gleich**.
Das hilft dir, ein Wort richtig zu schreiben:
fahren, der **Fahr**er, ab**fahr**en.

9 Ordne die Wörter den zwei Wortfamilien zu.
Unterstreiche die Wortstämme.

-dank- **-schenk-**

schenken der Dank das Geschenk verschenken danken

das Geschenkpapier bedanken ich schenke dankbar

10 Findet zu zweit Wörter zu den Wortfamilien -deck- und -flieg-.
Sucht auch im Wörterbuch.

AH S. 31/32

Der Elefant im Apfelbaum

Der Elefant hat einen **Traum**: Er sitzt auf einem Apfelbaum. Da bricht ganz plötzlich dieser **Ast** und fällt zu Boden von der Last. Der Elefant erwacht im **Sand**, reibt sich den Po und geht zum Strand.

❶ Suche die Reimwörter zu den dick gedruckten Wörtern.

❷ Schreibe das Gedicht ab.
Beginne nach jedem Reimwort eine neue Zeile.

Traum Raum Gast Wand Ast

Sand Mast Hand Schaum

❸ Jeweils drei Wörter reimen sich.
Schreibe sie untereinander auf.

❹ Unterstreiche alle Buchstaben,
die bei den Reimwörtern gleich sind.

⑤ Du kannst zu einigen Reimwörtern
ein Gedicht schreiben.

S. 72

AH S. 33

Das wäre schön

Was kleine Kinder träumen,
hängt leider nicht an ▒▒▒▒.
Sie wünschen sich in dunkler Nacht,
dass Papa sie ganz doll ▒▒▒▒.
Sie möchten gerne fliegen,
und niemals Ärger ▒▒▒▒.
Sie wollen schon erwachsen sein.
Alles zu dürfen, das wär ▒▒▒▒.

fein   kriegen   Bäumen   bewacht

❶ Schreibe das Gedicht mit den richtigen Reimwörtern ab.

Au/au wird **Zwielaut** genannt, weil er aus **zwei Selbstlauten** besteht. Bildet man zu einem Substantiv mit **au** die Mehrzahl, wird aus **au** oft ein **äu**: der B**au**m – die B**äu**me.

der Traum – die Träume
der Raum – die …
das Haus – …
die Maus – …
der Bauch – …
der Schlauch – …

❷ Bilde die Mehrzahl der Substantive.

❸ Was fällt dir auf?
Zeichne farbig nach, was gleich bleibt.

④ Du kannst mit diesen Wörtern ein Gedicht schreiben.

AH S. 33/34

Wovon träumt der Igel

Wovon träumt der Igel mit Geschnauf?
Von einem Streifen Schweinespeck.
Wovon träumt der Rabe bei Eis und Schnee?
Dass er den Hund mal beißen kann.
Wovon träumt das Huhn bei Wind und Sturm?
Von einem Hundertmeterlauf.
Wovon träumt der Fuchs mit arger List?
Von einem fetten Regenwurm.
Wovon träumt die Maus in ihrem Versteck?
Von warmen Pantoffeln an jedem Zeh.
Wovon träumt der Has' im dicken Tann?
Dass jeder Zaun voll Löcher ist.
Mein liebes Kind, nun träum auch du,
mach deine müden Augen zu!

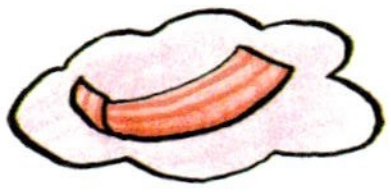

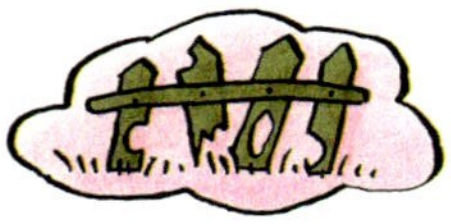

Alfred Könner

- Wisst ihr, wovon die Tiere träumen?
- Schreibt die Sätze auf Papierstreifen.
  Ordnet jeder Frage die richtige Antwort zu.
  Arbeitet zu zweit.

Winterschlaf der Igel

Im Herbst fressen sich Igel eine dicke Fettschicht an. Sie mögen vor allem Schnecken, Würmer, Käfer und Mäuse. Darum kommen Igel gerne in Gärten, in denen es Komposthaufen gibt. Hier finden sie auch Beeren und Obst.

Für den Winterschlaf sucht sich jeder Igel einen trockenen Platz. Besonders gerne schlafen Igel unter Laub oder Reisig. Deshalb sollte man Laub- und Reisighaufen bis Ende April im Garten liegen lassen. Igel polstern sich ihre Winterschlafplätze mit Gras und Moos aus.

Als Stachelkugel zusammengerollt verschlafen die Igel den Winter. Nur wenn es ganz kalt wird, werden sie wach und bewegen sich etwas. Igel sollten nie gestört werden. Wenn sie zwischendurch öfter geweckt werden, überleben sie den Winter nicht. Erst im Frühling finden sie wieder genug zu fressen.

- Kennst du weitere Tiere, die Winterschlaf halten?

AH S. 35

Felix’ größter Wunsch S. 85

Der schüchterne Felix hätte gern einen Freund, mit dem er spielen könnte. Eines Tages zieht Philipp ins Nachbarhaus.

Die beiden spielen oft zusammen Fußball. Aber Philipp möchte in einer Mannschaft spielen. Felix weiß nicht, ob er das kann. Nach einem langen Gespräch melden die Eltern beide in einem Fußballclub an. Schon beim ersten Training zeigt sich, dass Philipp ein guter Fußballer ist. Er schießt drei Tore. Bei Felix klappt es nicht so gut, weil er sich kaum etwas traut. Er muss sich erst an seine Mitspieler und den Trainer gewöhnen. Mit jedem Tag wird Felix mutiger. Er bemüht sich sehr, alle Übungen richtig zu machen. Und in den Trainingsspielen kann er bald gut mithalten. Felix’ größter Wunsch ist es nun, in der Mannschaft mitzuspielen. Nach dem letzten Training vor dem ersten Punktespiel liest der Trainer die Mannschaftsaufstellung vor. Felix’ Herz klopft wie wild. „Ich drücke dir die Daumen“, flüstert Philipp. „Im Sturm beginnen wir mit Philipp und Alexander“, sagt der Trainer. Felix ist nicht dabei. Er muss kräftig schlucken, kann die Tränen aber nicht zurückhalten. … Eine Stunde vor Spielbeginn ruft der Trainer bei Felix an. Alexander ist krank geworden. Für ihn darf Felix mitspielen. Felix freut sich riesig.

Schnell sucht er seine Sachen zusammen. …
Felix hat zum ersten Mal einen richtigen Dress an:
grünes Trikot, weiße Hose, grüne Stutzen.
Er ist stolz und hat gleichzeitig ein mulmiges Gefühl.
Philipp sitzt neben ihm und gibt ihm einen Klaps auf den Rücken.
„Also, Jungs“, sagt der Trainer,
„spielt so wie im Training, dann kann nichts schiefgehen.“
„Hoffentlich“, denkt Felix.
Der Schiedsrichter pfeift das Spiel an.
Die Jungen des FC Winterlingen sind sehr nervös.
Felix verliert den Ball,
sein Gegenspieler läuft davon
und schießt ein Tor.
Felix lässt den Kopf hängen.
Kurz vor der Halbzeitpause
erwischt Philipp an der Seitenlinie den Ball
und stürmt los.
Felix spurtet sofort in die Spitze.
Im richtigen Augenblick flankt Philipp zur Mitte.
Felix springt hoch, ist als Erster am Ball
und köpft ihn ins Tor.
„Tor!“, ruft er und reißt die Arme hoch.
Philipp kommt angerast.
Vor Freude rennt er Felix beinahe um.
Und beide strahlen wie die Weltmeister.

Manfred Mai

Das Wolkenschaf S. 85

Christine ist ein lustiges Mädchen mit vielen Wünschen. So wünscht sie sich seit langem, allein zweistimmig singen zu können. Aber das geht nicht. Selbst dann nicht, wenn man sich beim Singen einen Spiegel vorhält. Oder sie wünscht sich, die Sprache der Tiere zu verstehen. Manchmal träumt sie davon. Traumwünsche sind etwas Schönes. ...

An einem schönen Morgen wurde Christine schon sehr früh wach. ... Der Himmel war blassblau und kleine Schäfchenwolken segelten über den Tannen. Christine und ihr Hund Hugo gingen zur Waldwiese mit den Birken, den Eichkätzchen und dem Reh, das manchmal bei den Birken steht. Doch was war los? Auf einem Ast saßen sieben Eichkätzchen, ließen die Buschelschwänze hängen und guckten ratlos nach unten. Unten stand kein Reh, da stand ein Schaf! Hell, flockig, wollig, leise – ein Schaf. ...

Christine sah es gleich: Das war das schönste Schaf der Welt. Aber traurig sah es aus. Unsagbar traurig. Christine kniete sich nieder zu dem Schäfchen und streichelte die weiche Wolle. Und da sagte das Schäfchen mit feiner Stimme: Ich bin hier ganz falsch. Ich hab' mich verirrt. Ich bin ein Wolkenschaf und bin beim Spielen vom Himmel gefallen. Es schaute traurig hoch zu den Schäfchenwolken und sagte ängstlich: Mäh! Ich möchte bitte gern zu meinen Spielkameraden. Zirri heiße ich, wenn jemand nach mir fragen sollte. Aber es wird wohl niemand fragen, setzte es zaghaft hinzu. Die Eichkätzchen nickten verständnisvoll, das Schäfchen schaute bittend auf Christine, und Christine dachte nach. ...

Sie sagte mit ganz hoher Stimme: Komm mit. Wir gehen zu meiner Mutter. Zirri aber schüttelte den Kopf und guckte in den Himmel. Da legte das Mädchen dem Schäfchen sacht die grüne Hundeleine um den Hals und führte es nach Hause. ...
Christine gab dem Schäfchen zu essen. Aber es aß nicht. Sie gab dem Schäfchen zu trinken. Aber es trank nicht. Sie wollte mit dem Schäfchen spielen. Aber es spielte nicht. Es war nur traurig und weiß und flockig und wollig und still. Es wollte zu seinen Spielkameraden, und es hatte große, runde Angstaugen. Bist du krank?, fragte Christine. Nein, sagte das Schäfchen, ich bin allein. Das ist schlimmer als krank.

Fred Rodrian (gekürzt)

- Welche Traumwünsche hast du?
- Warst du auch einmal einsam?
- Du kannst dir einen Schluss zu der Geschichte ausdenken.

Kleine Wolke

Eine kleine weiße Wolke
sieht die Welt von oben an,
träumt, sie wär ein kleines Schäfchen,
das im Grase spielen kann.

Träumt davon den ganzen Tag lang,
schaukelt sachte hin und her,
kommt ein kleiner, frecher Wind an,
und das Wölkchen gibt's nicht mehr.

Monika Ehrhardt

- Lerne das Gedicht auswendig. Trage es ausdrucksvoll vor.

Josefine wünscht sich einen Hund

„Mama“, sagt Josefine eines Abends beim Essen. „Ich finde, wir brauchen einen Hund.“ „Einen Hund?“, fragt Mama. Papa schüttelt den Kopf. „Einen Hund?“, fragt er erstaunt, als hätte Josefine eine echtes Nilpferd für die Badewanne vorgeschlagen. „Das ist die beste Idee, die du je hattest“, sagt Paul und Josefine wird vor Freude rot. „Hunde sind Allesfresser“, erklärt Paul. „Das haben wir in der Schule gelernt. Sie fressen Fleisch und Gemüse. Anders als Katzen. Die fressen nur Fleisch.“... „Ach, weißt du“, sagt Mama. „Hunde machen so viel Arbeit.“ Das weiß Josefine. „Man muss jeden Tag mit ihnen vor die Tür gehen!“, sagt sie. Mama guckt sie an: „Nicht nur jeden Tag, sondern sogar mehrmals am Tag. Und zwar bei Wind und Wetter. Bei Sturm und Regen und im Dunkeln.“„Aber wir sind doch eine große Familie. Wir können uns abwechseln“, sagt Josefine.

„Na, das hast du dir ja schon gut überlegt“, sagt Mama. Josefine nickt. „Ich hab mir ein Buch über Hunde aus der Bücherei geholt. Willst du mal sehen?“ Das will Mama. Es wird ein schöner Abend. Mama und Josefine blättern ganz lange im Buch und gucken sich die Hunde an.

Am Samstagmorgen tut Mama sehr geheimnisvoll. Papa seufzt leise, aber er sieht auch vergnügt aus. „Was ist?“, fragt Josefine, die gerade ihre dritte Scheibe Brot isst. „Erzählt!“ Mama lächelt. „Also, wir haben uns überlegt“, sagt sie mit einem Blick auf Papa, „dass wir einen Hund …“ Bevor sie weiterreden kann, jubeln schon alle: „Wir kriegen einen Hund! Wir kriegen einen Hund!“

Mama ruft: „Hört mal zu!“ Da wird es still. „… dass wir einen Hund auf Probe zu uns nehmen.“ „Auf Probe?“, fragt Josefine. Man kann doch einen Hund nicht einfach wieder zurückbringen und umtauschen! Mama sagt, dass eine ihrer Freundinnen einen lieben Hund hat, den sie leihen dürfen. So können sie ausprobieren, wie es ist, einen Hund zu haben.

Tove Appelgren (gekürzt)

- Lest den Text mit verteilten Rollen.
- Was haltet ihr vom Vorschlag der Eltern?
- Wünscht ihr euch auch ein Haustier? Was muss man alles bedenken, bevor man sich ein Tier anschafft? Sprecht darüber.

Wörter

1 Welche Wörter gehören zusammen?
Schreibe so: *der Wunsch – die Wünsche, …*

Wunsch | Traum | Ball | Bruder | Fuß | Mutter | Vater

Brüder | Väter | Füße | Wünsche | Träume | Bälle | Mütter

2 Unterstreiche die Veränderungen.
Was fällt dir auf?

1. ___ pe 2. ___ te 3. ___ sel 4. ___ chen 5. ___ fel

Rat- | Ap- | Pup- | Mäd- | In-

3 Bilde aus den Silben Wörter.
Schreibe die Wörter auf.

4 Schreibe die Anfangsbuchstaben
der Wörter hintereinander.
Wie heißt das Lösungswort?

wohnen | schlafen | zählen | lachen | träumen | kommen

gehen | fahren | müssen | rechnen | denken | holen

5 Schreibe die Wörter nach dem Abc geordnet untereinander.

6 Schreibe dann so: *denken – er denkt, …*

Sätze

1 Schreibe drei Aussagesätze.

sind | Tom und Max | Freunde

umziehen | Toms Eltern | wollen

traurig | Tom und Max | sind

2 Zeichne die Satzanfänge und die Punkte farbig nach.

Anne wünscht sich ein Kaninchen sie will es jeden Tag füttern den Käfig will sie allein sauber machen doch Mama und Papa wollen kein Haustier

3 Schreibe den Text richtig auf.

4 Zeichne alle Satzanfänge und Satzschlusszeichen farbig nach.

In der Schule

TINASITZTINDERKLASSESIESCHAUTAUSDEMFENSTERSIE
WILLMITMAXAUFDEMHOFSPIELEN

5 Schreibe die drei Sätze richtig auf.

6 Zeichne die Satzanfänge und Satzschlusszeichen farbig nach.

7 Unterstreiche die Substantive.
Hast du sie großgeschrieben?

Wörter und Sätze

JanaliegtimBettundisttraurig.
HeutehabensichMamaundPapagestritten.
Janakanndasnichtverstehen.

1. Schreibe den Text richtig auf.
2. Unterstreiche alle Substantive.

Jana will mit ihren Eltern sprechen ob sie ihr auch zuhören Jana ist unsicher sie will es trotzdem versuchen.

3. Schreibe den Text richtig auf.
4. Zeichne alle Satzanfänge und Satzschlusszeichen farbig nach.

am nächsten Tag | Jana | zu ihrer Mama | geht

beruhigt | ihre Tochter | Mama

sich | die Eltern | haben | längst wieder | vertragen

5. Schreibe drei Aussagesätze.

Wortfamilien

schreiben | verschreiben | schreiben

Rechtschreibung | Schreibzeug

Timo und Lotta ____ Briefe. Dabei ____ sich Timo mehrmals.

Nun ____ er seinen Brief am Computer. Dazu braucht er kein ____.

Auch die ____ gelingt ihm besser.

6. Schreibe den Text mit den passenden Wörtern ab.
7. Unterstreiche den gemeinsamen Wortstamm.

Wörter mit au und äu

Laus   Braut   Haus   Bauch   Faust

Maus   Strauch   Blumenstrauß

❶ Bilde von diesen Substantiven die Mehrzahl.
Schreibe so: *ein Strauch – viele Sträucher, …*

Hier verändert sich das au nicht:

Auto   Auge   Taube   Raupe   Pause   Frau

❷ Bilde die Mehrzahl. Schreibe wie in der 1. Aufgabe.

Igel br░chen für den Winterschlaf oft L░b
unter Str░chern.
Dort tr░men sie von fetten R░pen.
Vor dem Winterschlaf sind ihre B░che so dick,
dass sie die lange Fressp░se gut ░shalten.
Erst im Frühling sch░en sich die Igel wieder
nach Nahrung um.

❸ Schreibe den Text ab. Setze jeweils au oder äu ein.

Fragesätze

Wovon   Wo   Wie   Wann

░░░ halten Igel oft ihren Winterschlaf?

░░░ träumen die Igel während des Winters?

░░░ sind die Bäuche der Igel vor dem Winterschlaf?

░░░ schauen sich Igel wieder nach Nahrung um?

❹ Schreibe die Fragen mit passenden Fragewörtern auf.

Reimwörter und Sätze

❶ Jeweils zwei Verben reimen sich.
Schreibe die Reimpaare jeweils untereinander.

wohnen	lachen	weinen	erzählen	spielen	müssen
machen	zielen	belohnen	wählen	küssen	meinen

❷ Zeichne eine Tabelle.
Ergänze die Verben der 1. Reihe.

ich	du	er / sie / es	wir
ich wohne	du …	er …	wir …

Tom träumt von einem Wiesel er singt, weint und lacht mit ihm in der Schule kann er seinen Traum erzählen ob die Lehrerin lachen muss nun möchten alle Kinder über Träume sprechen

❸ Schreibe den Text richtig auf.

❹ Zeichne alle Satzanfänge und Satzschlusszeichen farbig nach.

Toms Traum

Im Traum wohnt Tom bei einem Wiesel.
Mit ihm kann er spielen, lachen und weinen.
Tom erzählt in der Schule von seinem Traum.
Die Kinder sprechen über ihre Träume.
Wer möchte seinen Traum erzählen?

❺ Schreibe den Text ab.

❻ Unterstreiche die Verben.

❼ Übe den Text als Diktat.

wohnen lachen weinen erzählen sprechen – spricht

Felix' größter Wunsch

S. 74/75

❶ Welche Sätze sind richtig?
Schreibe die richtigen Buchstaben auf.
Sie ergeben ein Lösungswort.

Philipp und Felix sind Freunde.	F
Philipp und Alexander sind Freunde.	J
Felix schießt beim ersten Training drei Tore.	U
Philipp schießt beim ersten Training drei Tore.	E
Alexander wird krank.	L
Felix wird krank.	N
Zum Dress gehört ein grünes Trikot.	I
Zum Dress gehört ein weißes Trikot.	G
Felix schießt den Ball ins Tor.	E
Felix köpft den Ball ins Tor.	X

Das Wolkenschaf

S. 76/77

❷ Schreibe die richtigen Sätze in dein Heft.

Christine ist ein *sportliches/lustiges* Mädchen.

Manchmal *träumt/spielt* sie vor sich hin.

Sie ging mit ihrem Hund *zur Waldwiese/zum Spielplatz*.

Auf einem Ast saßen *sieben/acht* Eichkätzchen.

Ein *Reh/Schaf* stand traurig dort.

Es war beim Spielen vom *Himmel/Wagen* gefallen.

Es vermisste seine *Spielkameraden/Spielsachen*.

London

Reise nach England

Englisch sprechen

Fast überall auf der Welt
lernen die Kinder in der Schule Englisch.
Wer Englisch spricht,
kann sich mit vielen Menschen
verständigen.

Auch wir benutzen oft englische Wörter.
Wir tragen T-Shirts, Boxershorts
und Jeans.
Wir fahren Inliner und Skateboard.
Wir lesen Comics
und sammeln Sticker.
Viele von uns haben
einen Gameboy.

❶ Schreibe den Text ab.

❷ Unterstreiche die englischen Wörter.
Kennst du noch mehr englische Wörter?

Englischer Tee
England ist bekannt für
seinen Tee.
Täglich um fünf Uhr
trinkt man eine Tasse Tee.
Auf dem Tisch steht neben
der Teekanne auch ein Teller
mit Keksen.

❸ Schreibe alle Wörter mit T/t am Wortanfang heraus.

④ Mehr über England kannst du im Internet erfahren.

In England

In England ist vieles anders als bei uns.

England ist ein [(reich]. Die Autos fahren auf der linken [(seite]. Es gibt nicht so viele [(fahrer] wie bei uns. [(ball] ist in England sehr beliebt. Die [(kästen] und die [(zellen] sind rot. Die [(fahrer] fahren in schwarzen Autos. Die Leute haben immer einen [(schirm] dabei, weil es oft regnet.

1. Lies den Text. Achte auf das Bild.
2. Bezeichne die Substantive genauer.
   Suche die passenden Puzzleteile heraus:

Straßen(	Telefon(	Taxi(	König(	Regen(	Rad(	Fuß(	Brief(

Mit **zusammengesetzten Substantiven** kann man etwas genauer beschreiben. Der **Artikel** richtet sich nach dem **zweiten Substantiv.**

3. Schreibe die zusammengesetzten Substantive so auf:
   der König, das Reich: das Königreich, …
4. Unterstreiche die Artikel der zusammengesetzten Substantive.
5. Vergleiche: *Bei uns fahren die Autos auf der …*
   In England fahren die Autos auf …

S. 100/101

AH S. 36

Schule in England

Tom und Betty gehen in ihrer Schuluniform in die Schule. Tom trägt einen grauen Pullover mit einem Schlips und eine dunkle Hose. Betty liebt ihren weinroten Pullover und den blauen Rock. Jeden Morgen sagt ihre Mutter: „Fragt, wenn ihr etwas nicht versteht!“ Dann winkt sie ihnen.

1. Schreibe alle Verben aus dem Text untereinander.
   Ergänze hinter jedem Verb die Grundform so: *sie geht – gehen, …*

Verben stehen in der **Grundform** (tragen) oder in der **Personalform** (er trägt). Wenn du nicht weißt, wie ein Verb geschrieben wird, kannst du seine Grundform bilden: er trägt – tragen.

hu░t	le░t	flie░t	sa░t	fra░t
lie░t	par░t	sie░t	to░t	trei░t

2. Schreibe die Verben so: *tragen – er trägt, …*
   Setze dabei b, p, g oder k richtig ein.
3. Unterstreiche den Wortstamm.
4. Du kannst zu den Verben fragen und leben weitere Wörter der Wortfamilie suchen.

S. 98

AH S. 37

Eine Busfahrt

❶ Lies die Sätze laut vor.

❷ Schreibe die Sätze ab. Achte auf die Ausrufezeichen.

Sätze, die wir rufen, sind **Ausrufesätze**. Sätze, die sagen, was einer tun soll, nennt man **Aufforderungssätze**. Nach beiden Sätzen steht ein **Ausrufezeichen**.

❸ Welche der Sätze im Bild sind Aufforderungssätze?

❹ Bilde noch mehr Ausrufe und Aufforderungen zu dem Bild und scheibe sie auf. Die Wörter können dir helfen:

Fenster öffnen   aufpassen   anschnallen   aussteigen

Regenbogen   Flohmarkt   Unfall   Turm anschauen

AH S. 38

Pfadfinder

Die Pfadfinder-Idee geht auf den Engländer Robert Baden-Powell zurück. Er glaubte, dass Menschen sich besser verstehen, wenn sie gemeinsam Abenteuer erleben. Darum gründete er eine weltweite Jugendbewegung und nannte sie „boy scouts“ (Pfadfinder).

Zuerst gehörten den Pfadfindern nur Jungen an. Heute können auch Mädchen an den Treffen teilnehmen.

Alle Pfadfinder haben eine Uniform. Sie heißt „Kluft“. Dazu tragen sie farbige Halstücher, an denen man erkennt, zu welcher Gruppe sie gehören.

In den Regeln der Pfadfinder steht:

Sei freundlich!
Haltet zusammen!
Wir sind eine große Familie!
Tu jeden Tag eine gute Tat!

1. Warum wurden die Pfadfinder gegründet?
2. Erkläre die Regeln.
3. Welche Regel findest du am wichtigsten? Begründe deine Meinung.
4. Beschreibe die Uniform.

Im Pfadfinderlager

Tom schreibt seiner Mutter aus dem Pfadfinderlager.

Gleich am ersten Tag machten wir auf dem Fluss
eine tolle Floßfahrt. Das Wasser floss ziemlich schnell.
Wir mussten aufpassen, um nicht in den Fluss zu fallen.
Rate mal, was wir am Ufer gesehen haben!
Eine fette Ratte!
Peter sagte: „Hoffentlich bleibt sie am Ufer."
Keiner wusste, ob Ratten schwimmen können.

❶ Wie kannst du herausfinden, ob Ratten schwimmen können?

❷ In dem Text findest du Wörter mit den doppelten Mitlauten.
ss, ll, ff, mm, nn und tt.
Schreibe sie geordnet auf.

Wenn ein Wort einen **kurz gesprochenen Selbstlaut** hat, wird der nachfolgende **Mitlaut oft verdoppelt**.

Kamm	Floß	Ofen	floss	hoffen
Hof	raten	Ratte	offen	kam

❸ Sprich die Wörter deutlich.

❹ Schreibe die Wörter paarweise auf und kennzeichne den kurz und den lang gesprochenen Selbstlaut so:
Kamm – kam, …

❺ Suche weitere Wörter mit doppelten Mitlauten in der Wörterliste.

AH S. 39/40

Tom und Betty beim Angeln

❶ Erzähle zu den Bildern.
Die folgenden Wörter können dir dabei helfen:

Baumstamm   Fluss   angeln   Flasche   schwimmen

sitzen   Angel   Wasser   vorbei   treiben

❷ Was könnte in der Flasche sein?
Erzähle.

So erzählst du eine Geschichte:

1. Schaue deine Zuhörer an.
2. Betone wichtige Wörter.
3. Setze deine Stimme ein:
   Sprich mal laut, mal leise.
4. Achte auf dein Sprechtempo.
   Sprich nicht zu schnell.
5. Sprich mit Gesicht und Körper.

③ Du kannst die Geschichte auch aufschreiben.

Die Flaschenpost

Tom schüttelt die Flasche. Darin sind viele Zettel.

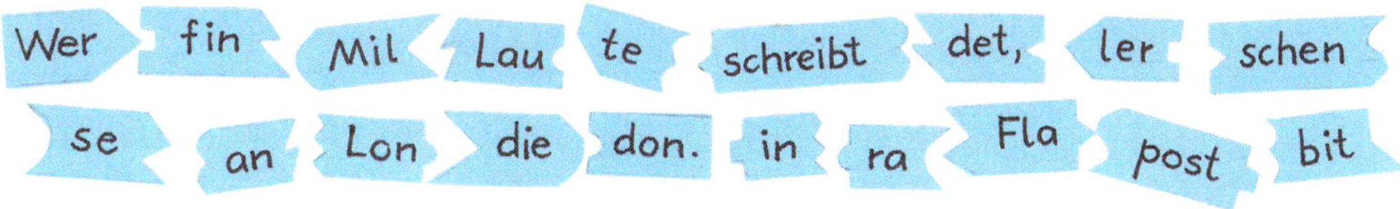

„Das ist bestimmt ein Geheimbrief.
Ob wir ihn lesen können?“, fragt Betty.

❶ Was musst du tun, um den Brief lesen zu können? Schreibe den Brief auf.

❷ Können die Kinder tun, was in dem Brief steht? Begründe deine Meinung.

Tom will nun auch einen Brief wie in der Flaschenpost schreiben.
Er schreibt erst einmal seinen Brief vor.

Liebe Kitty,
wir gehen immer schwimmen. Wir müssen sehr aufpassen, weil das Wasser ziemlich schnell fließt. Betty ist schon vom Floß gefallen, aber wir konnten sie retten. Hoffentlich passiert mir das nicht!
Viele Grüße
dein Tom

❸ Wie muss Tom nun die Wörter trennen?
Schreibe den Brief nach Silben getrennt auf: *Lie-be Kit-ty, …*

Wörter mit **doppelten Mitlauten** werden meist zwischen diesen **getrennt**: wol - len, im - mer.

④ Du kannst selbst einen Geheimbrief verschicken.

Die Schatzsuche

Am nächsten Tag machen die Pfadfinder eine Schatzsuche.
Toms Gruppe bekommt diesen Plan:

❶ Die Pfadfinder stehen am Schloss.
Beschreibe den Weg zum Schatz.
Benutze dabei einige der folgenden Wörter:

zunächst   zuerst   anschließend   danach   zum Schluss   dann

② Was könnte der Schatz sein?
Du kannst dir eine Geschichte dazu ausdenken.

Der Rückweg

AufdemRückwegkamensiedurcheinekleineStadt.
DieStraßenwarensteilundeng.
SiehattenholprigesKopfsteinpflaster.
AufeinemTurmstandeinStorch.
Tomstarrtehinauf.
DastolperteerübereinenStein.
Fastwäreerhingefallen!
Hastiggingerweiter.

❸ Schreibe den Text mit den richtigen Wortgrenzen auf.

❹ Unterstreiche alle Wörter mit St/st und schreibe sie auf.

AH S. 41

Eine Stadtrundfahrt in London

Am letzten Tag geht es zur Stadtrundfahrt nach London. Mit ihrem Bus fahren die Pfadfinder über eine berühmte Brücke. Die Brücke heißt Tower Bridge und wurde 1894 eröffnet. Sie besteht aus zwei Türmen und einer Zugbrücke.

Danach besuchen die Pfadfinder den Buckingham Palast.
Hier wohnt die Königin, Queen Elisabeth. Wenn die Queen zu Hause ist, weht die Fahne auf dem Palast. Vor dem Palast stehen die Wachen.
Im Sommer verlässt die Queen den Palast, dann können Besucher die 600 Räume besichtigen.

Anschließend fahren sie zu einem riesigen Uhrenturm, dessen schwerste Glocke der Big Ben ist. Der Turm ist 97 Meter hoch. Eine Treppe mit 334 Stufen führt hoch zur Uhr. Die Uhr schlägt jede volle Stunde. Das Ziffernblatt der Uhr hat einen Durchmesser von 8 Metern. Die Glocke wiegt 13 Tonnen, so viel wie ein beladener LKW.

1. Welche Sehenswürdigkeiten haben die Pfadfinder besucht?
2. Schreibe auf, was du über die Sehenswürdigkeiten erfährst.
3. Was siehst du auf den Fotos? Beschreibe.

S. 102

AH S. 42

Hopscotch

Betty spielt mit ihrer Freundin Kitty gern Hopscotch.
Das ist ein englisches Hüpfspiel.

Auf dem Schulhof malen sie mit Kreide ein Spielfeld auf und schreiben die Zahlen von 1 bis 8 hinein. Dann wirft Kitty ein Steinchen auf das Feld. Sie versucht, auf einem Bein bis zu diesem zu hüpfen. Dabei darf sie nicht auf einen Strich treten, sonst hat sie verloren! Am Ende zählt sie die gewonnenen Punkte zusammen. Dann ist Betty an der Reihe.

- Schreibe für deine Freundin oder deinen Freund auf, wie das Spiel gespielt wird. So kannst du anfangen:
  Male mit Kreide …
  Schreibe …

- Schreibe die Spielregeln für ein anderes Spiel auf, das du kennst. Versuche dann, es mit jemandem zu spielen.

Fußball

Fußball ist ein typisch englisches Spiel. Es ist schon viele hundert Jahre alt.
Früher stellten die einzelnen Städte Mannschaften auf, die versuchten, eine Kugel durch die Stadttore zu spielen.
Das „Spielfeld“ lag damals zwischen zwei Dörfern, sogar wenn diese Kilometer entfernt voneinander waren.
Es durften immer sehr viele Leute mitspielen.

Über viele Jahrhunderte hinweg blieb Fußball ein Spiel ohne Regeln. Jede Mannschaft durfte so spielen, wie sie wollte und so gab es viele Unterschiede zwischen den verschiedenen Schulen.
Nach und nach aber entstanden Regeln.
Im Jahr 1846 wurde Fußball zum ersten Mal so gespielt, wie wir es heute kennen.

Mittlerweile spielt man in der ganzen Welt Fußball.
Wichtige Spiele schauen sich viele Menschen an.
Die Straßen wirken dann oft wie leergefegt, wenn diese Spiele im Fernsehen übertragen werden.

- ● Erzähle den Text deinem Freund.
- ○ Schreibe die Fußballregeln auf, die du kennst.

Briefe von Felix S. 111

Felix heißt Sophies Kuschelhase.
Leider hat sie ihn auf dem Flughafen verloren.
Heute aber kommt ein Brief von ihm.

LONDON, IM AUGUST

LIEBE SOPHIE,

LEIDER HABE ICH DICH IM FLUGHAFEN VERLOREN. ABER BITTE MACH DIR KEINE SORGEN UM MICH! MIR GEHT ES GUT. ICH BIN IN EIN FALSCHES FLUGZEUG GESTIEGEN. DAS FLOG ABER NICHT NACH HAUSE, SONDERN NACH LONDON. HIER GIBT ES EINE VIERECKIGE BURG AN EINEM FLUSS, ABER DER FLUSS IST GANZ SCHÖN DRECKIG! ES GIBT AUCH EINEN GROẞEN PALAST, DA STEHEN VIELE MÄNNER MIT SELTSAMEN MÜTZEN VOR.

SO EINE MÜTZE WÜRDEST DU NICHT MAL IM WINTER ANZIEHEN. UND NOCH ETWAS IST KOMISCH, ALLE REDEN HIER GANZ ANDERS.

ICH MELDE MICH BALD WIEDER,
DU FEHLST MIR, DEIN
FELIX

Sophie kann es kaum glauben. Ein echter Brief von ihrem Felix! Erst macht ihr Herz einen Riesensprung, dann drückt sie den Brief fest an sich. Als Nächstes umarmt sie Mama, holt tief Luft und brüllt: „Lena, Nicolas, Julius, seht euch das an!“ Als Papa von der Arbeit nach Hause kommt, darf er auch den Brief lesen und staunt nicht schlecht. „So, so, so“, sagt er, „der Ausreißer ist also in London gelandet! Das ist die Hauptstadt von England.“ – „Wie viele Menschen wohnen in einer Hauptstadt?“, fragt Sophie und möchte nun ganz genau wissen, wo ihr Felix steckt.

Mit Papa schaut sie im Lexikon unter LONDON nach. Tatsächlich, da steht: „Hauptstadt Englands und Nordirlands, liegt beiderseits der Themse, sieben Millionen Einwohner, königliche Residenz, rund 1600 Kirchen und Kapellen, Festungsanlage ‚Tower of London‘, Parlamentsgebäude, im 14. Jahrhundert eine der größten Städte Europas.“

Annette Langen/Constanza Droop

- Was erfährst du über London?
- Sammle weitere Informationen. Ihr könnt auch ein Plakat gestalten.

Der Tower of London

S. 111

Eine der berühmtesten Sehenswürdigkeiten Londons ist der Tower. Früher diente er als Festung, Königspalast und Waffenkammer. Später war er ein schreckliches Gefängnis. Viele Gefangene wurden dort jahrelang eingekerkert.

Bis heute werden im Tower die britischen Kronjuwelen, der Schmuck der Königsfamilie, bewacht. Nachdem sie aus der Westminster Abtei gestohlen wurden, wurden sie 1303 dorthin gebracht. Im Tower befindet sich auch das königliche Zepter mit dem größten Diamanten der Welt. Dieser Diamant heißt „Stern von Afrika". Außerdem wird hier die Krone der Queen Elisabeth bewacht. Diese Krone ist mit 3000 Diamanten besetzt.

Bewacht wird der Tower von Anfang an durch die „Beefeater" in ihren roten Uniformen. „Beefeater" heißt Fleischesser. Sie mussten früher auch das königliche Essen vorkosten.

Jeden Abend um 22 Uhr wird der Tower abgeschlossen. Ein Wärter läuft um genau 7 Minuten vor 22 Uhr mit einer Laterne los und schließt alle Tore zu. Um 22 Uhr verkündet ein Trompeter vom Big Ben das Ende der Schlüssel-Zeremonie. Viele Touristen verfolgen das Schauspiel jeden Abend.

- Wozu diente der Tower früher?
- Was wird bis heute im Tower bewacht?
- Was erfährst du über die Schlüssel-Zeremonie?

AH S. 43/44

Stonehenge

Eine weitere interessante Sehenswürdigkeit ist der Stonehenge. Stonehenge bedeutet Steinkreis. Er liegt in Südengland, wenige Kilometer von der Stadt Salisbury entfernt.
Der Steinkreis steckt voller Geheimnisse. Eigentlich sind es zwei Steinkreise, einer innen und einer außen. Die riesigen Felsblöcke sind über 5000 Jahre alt. Niemand weiß genau, wie sie hierher gekommen sind. Die Steine sind so schwer, dass mindestens 200 Männer einen Stein transportiert haben müssen. Man vermutet, dass die Steine von einem anderen Ort mit einem Schiff gekommen sind.

Es ist auch nicht bekannt, warum Stonehenge errichtet wurde. Einer der Steine sieht aus wie ein Altar, wie wir ihn aus der Kirche kennen. Deshalb glauben einige Forscher, dass die Menschen von hier aus früher ihre Götter gerufen haben. Es könnte auch ein Sonnentempel gewesen sein. Andere Forscher vermuten, dass die Menschen von hier früher die Sterne beobachtet haben, um einen Kalender zu erstellen.

- Erzähle, was du über Stonehenge erfahren hast.
- Suche auf der Karte die Stadt Salisbury.
- ○ Du kannst weitere Informationen im Lexikon oder im Internet sammeln.

AH S. 43/44

Alice im Wunderland

Angefangen hatte es damit, dass Alice recht neugierig war. Und als eines Tages ein weißes Kaninchen vorbeihüpfte, eine Uhr aus der Westentasche zog und dabei noch seufzte: „Jeje, ich komme zu spät zur Königin!“, rannte sie ihm nach, denn so etwas konnte sie sich doch nicht entgehen lassen.

Doch das Kaninchen schlüpfte in eine Höhle hinein, Alice hinter ihm her, und auf einmal sauste sie hinab in ein Loch und rutschte immer tiefer und wurde dabei immer kleiner und kleiner – bis sie nur noch ein wenig größer war als drei Daumen.

Dann flog sie sanft, ganz sanft wie eine Schneeflocke hinab. Das Kaninchen aber kroch aus dem unterirdischen Gang wieder heraus, niemand weiß wohin, und Alice blieb allein zurück. Sie war ins Wunderland geraten.

Alice gelangte in einen Wald und sah dort einen schönen Pilz, auf dem sich eine große blaue Raupe niedergelassen hatte. Sie saß mit verschränkten Armen auf dem Hut des Pilzes und rauchte gemütlich eine Pfeife, ohne sie auch nur im Geringsten zu beachten.

Schließlich nahm die Raupe die Pfeife aus dem Mund und fragte: „Wer bist du?“

Alice antwortete: „Ich weiß es im Augenblick kaum. Ich glaube, ich bin, seitdem ich heute morgen aufgestanden bin, mehrmals ein anderer geworden.“

„Was meinst du damit?“, fragte die Raupe streng.

„Ich kann es nicht deutlicher erklären“, antwortete Alice sehr höflich. „Es ist sehr verwirrend, wenn man an einem einzigen Tag so oft die Größe wechselt.“

„Gar nicht“, sagte die Raupe …

Dann fragte sie: „Bist du zufrieden, so wie du bist?“

„Nun, ich wäre gern ein bisschen größer“, sagte Alice.

„Acht Zentimeter ist ein gar zu jämmerliches Maß!“

„Es ist ein sehr schönes Maß!“, sagte die Raupe ärgerlich und richtete sich auf. Sie war genau acht Zentimeter groß.

„Aber ich bin nicht daran gewöhnt“, würgte Alice hervor und dachte bei sich:

„Wenn diese Tiere nur nicht so schnell beleidigt wären!“

Lewis Carroll

- Warum ist die Raupe beleidigt?
- Wie könnte das Gespräch zwischen Alice und der Raupe weitergehen?

Lewis Carroll

Lewis Carroll wurde 1832 in einer kleinen Stadt in England geboren. Er war als Professor für Mathematik an einer Universität tätig. Die Alice-Geschichten schrieb Lewis Carroll für ein kleines Mädchen mit Namen „Alice“. Er schenkte ihr die Geschichten zu Weihnachten.

AH S. 45

Wörter nachschlagen

❶ Lies den Text und setze für die Bilder Substantive ein.

In der  schleicht sich die  aus dem .

Über die  rennt sie schnell zu einem .

Dort klettert sie flink auf einen .

Eine  läuft unten vorbei.

Die  springt hinunter, aber die  ist weg.

❷ Schlage die Substantive in der Wörterliste nach.

❸ Schreibe die Substantive mit Artikel in der Einzahl und der Mehrzahl auf.
Schreibe so: *die Nacht – die Nächte, …*

❹ Übe den Text mit deinem Partner.

Fragesätze

❺ Schreibe die Sätze mit den Fragewörtern ab.

wer	wo	wie	wann

░░░ schleicht sich aus dem Haus?

░░░ geht sie aus dem Haus?

░░░ rennt sie zu dem Baum?

░░░ ist die Maus?

❻ Beantworte die Fragen in Sätzen.

Sätze bilden

❶ Bilde mit den Wortkarten drei Aussagesätze.

auf das Dach | die Katze | springt

steht | der Mond | am Himmel

lautlos | eine Eule | durch die Luft | fliegt

❷ Schreibe die Sätze auf.

❸ Zeichne alle Satzanfänge und Satzschlusszeichen farbig nach.

Reimwörter

❹ Finde Reimpaare.

Krach | Mast | Traum | Tatze | Haus | Riese

❺ Schreibe die Reimpaare auf.
Benutze die Wörterliste.
Markiere die veränderten Buchstaben.
Schreibe so: *Katze – Tatze, ...*

⑥ Du kannst noch eigene Reimwörter dazu schreiben.

d oder t?

Han-	Saf-	Duf-	Kin-	Ban-	Kraf-

1. Wie heißen die Wörter?
2. Findest du dazu Reimwörter?
3. Bilde die Mehrzahl der Substantive.
4. Schreibe Einzahl und Mehrzahl auf.

Zusammengesetzte Substantive

5. Setze jeweils zwei Substantive zusammen.
   Schreibe so:
   der Finger, der Nagel: der Fingernagel, ...

6. Stelle ähnliche Rätsel.
7. Bilde zusammengesetzte Substantive mit Haus.

Lang und kurz gesprochene Selbstlaute

❶ Schreibe die Wörter paarweise ab.

Schafe Hüte wenn schaffe Schal wen Hütte Schall

❷ Markiere die lang oder kurz gesprochenen Selbstlaute:
Schafe – schaffe, ...

Wortfamilie

❸ Schreibe die Wörter nach Wortfamilien geordnet auf.
Unterstreiche in den Wörtern den Wortstamm.

königlich

das Königreich

die Königin
der Schwimmer

die Angel

schwimmen

angeln

der Schwimmring
der Angelhaken

❹ Finde zu diesen Wörtern weitere Wörter der Wortfamilie.

Regen Liebe laufen siegen

Wörter mit St

❺ Schreibe die Substantive zu den Bildern auf.
Kontrolliere mit der Wörterliste. Markiere St.

Wörter mit doppelten Mitlauten

❶ Trenne die Schlange in einzelne Wörter. Schreibe sie auf.
Kontrolliere mit der Wörterliste.

❷ Schreibe die „du"-Form zu den Verben auf.

don-	begin-	kom-	wis-	sol-	wol-
-men	-nern	-len	-nen	-len	-sen

❸ Aus je einer oberen und einer unteren Silbe kannst du ein Verb bilden. Schreibe so: *don-nern: donnern, …*

Die Kinder hören es in der Ferne donnern ▒
Ob es gleich zu regnen beginnt ▒
Kommt schnell aus dem Wasser ▒ Da, ein Blitz ▒
Das Gewitter ist plötzlich ganz nah ▒

❹ Schreibe den Text ab. Setze die Satzschlusszeichen ein.

Das Gewitter

Die Sonne geht unter. Doch die Kinder wollen noch schwimmen.
Plötzlich wird der Himmel grau. In der Ferne donnert es.
Da beginnt es auch schon zu regnen.
Die Kinder kommen schnell aus dem Wasser.
Sie wissen, bei Gewitter soll man nicht baden.

❺ Schreibe den Text ab.
Unterstreiche alle Wörter mit doppelten Mitlauten.

❻ Übe den Text als Diktat.

wollen donnern kommen beginnen wissen sollen schnell

Briefe von Felix

S. 100/101

1 Ergänze die Sätze. Schreibe sie auf.

Leider habe ich dich im ___ verloren.

Ich bin in ein ___ Flugzeug gestiegen.

Das flog nicht nach ___, sondern nach ___.

Es gibt hier einen großen ___,

da stehen viele ___

mit ___ Mützen davor.

Tower of London

S. 102

2 Welche Sätze sind richtig, welche falsch?
Schreibe die dazugehörigen Buchstaben auf.
Sie ergeben ein Lösungswort.

	ja	nein
Der Tower diente als Festung, Königspalast und Waffenkammer.	E	Q
Dort befindet sich das königliche Zepter.	L	U
Die berühmte Krone des Königs wird hier bewacht.	E	I
Der kleinste Diamant heißt: „Stern von Afrika“.	F	S
„Beefeater“ heißt Fischesser.	P	A
Abends schließt ein Wärter um 21 Uhr alle Tore ab.	L	B
Die Zeremonie wird von einem Trompeter beendet.	E	Ü
Der Trompeter bläst ein Lied vom Big Ben.	T	K
Nur wenige Touristen verfolgen das Schauspiel am Abend.	A	H

Fühlen und beschreiben

Mit den Händen sehen

❶ Welche Spielsachen sind in den Fühlkästen?

Adjektive (Eigenschaftswörter) beschreiben, wie Menschen, Tiere, Pflanzen und Dinge sind.
Sie werden **kleingeschrieben**: Der Ball ist **groß**.

Die Kinder der Klasse 2 b haben ihre Spielsachen mitgebracht und passende Adjektive für sie gesammelt.

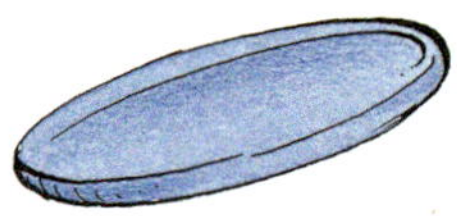

weich klein flach rund glatt groß

❷ Beschreibe die Spielsachen.

❸ Schreibe in Sätzen, wie die Spielsachen sind.

❹ Welche Adjektive passen zu deinem Lieblingsspielzeug? Schreibe drei Sätze.

AH S. 46

❺ Die Kinder sollen mit verbundenen Augen weitere Dinge ertasten und beschreiben, was sie fühlen.
Schreibe die Sätze mit den passenden Adjektiven auf.

eckig lang rau glatt klein dünn

Maro fühlt ein Auto.
Er fühlt ein ___ Auto.
Er fühlt ein ___, ___ Auto.
Er fühlt ein ___, ___, ___ Auto.

Lotta fühlt ein Seil.
Sie fühlt ein ___ Seil.
Sie fühlt ein ___, ___ Seil.
Sie fühlt ein ___, ___, ___ Seil.

Adjektive können auch **vor** einem **Substantiv** stehen.
Dann verändern sie sich: groß – der groß**e** Ball.

⑥ Beschreibe Dinge aus deinem Klassenzimmer.
Schreibe so: *Ich sehe einen grünen, … Gegenstand.*
Lass deinen Nachbarn raten.

AH S. 46/47

Wir beschreiben uns

Du
Ich behaupte,
ohne zu übertreiben –
ich kann dich ungesehen
beschreiben:

Deine Augen sind blau,
schwarz, braun, grün oder grau.
Deine Nase ist lang gezogen,
stumpf, kurz, breit,
stupsig oder abwärts gebogen.
Deine Haare sind dunkel,
rot oder braun, blond aufgehellt,
gekraust, gelockt,
steckengerade oder gewellt,
sind kurz geschoren oder reichen
bis unter die Schultern.

Unzutreffendes streichen.

Hans Manz

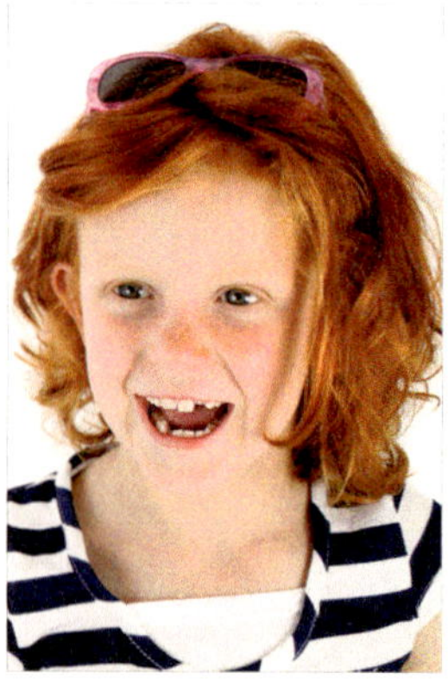
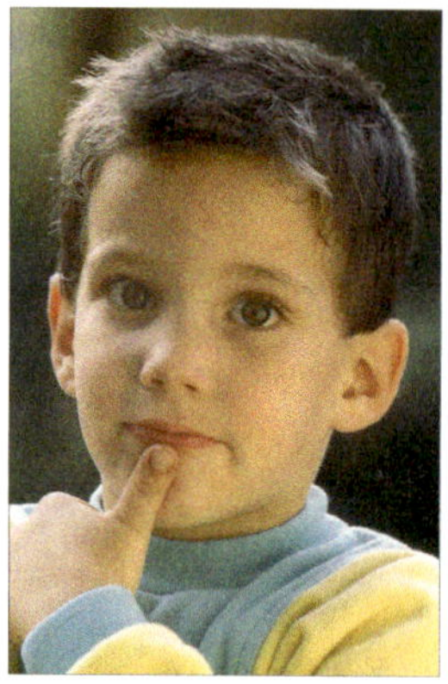
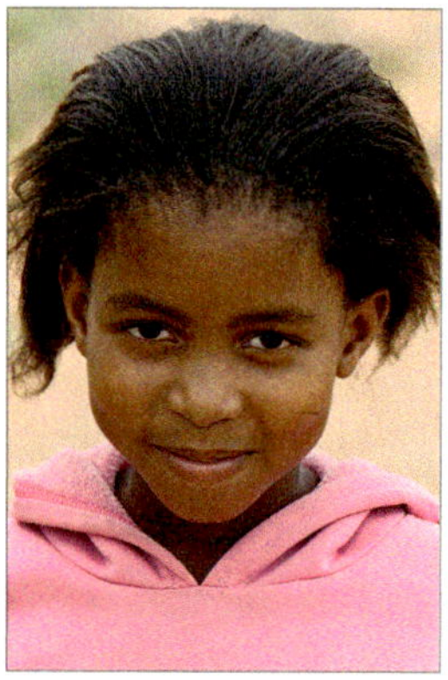

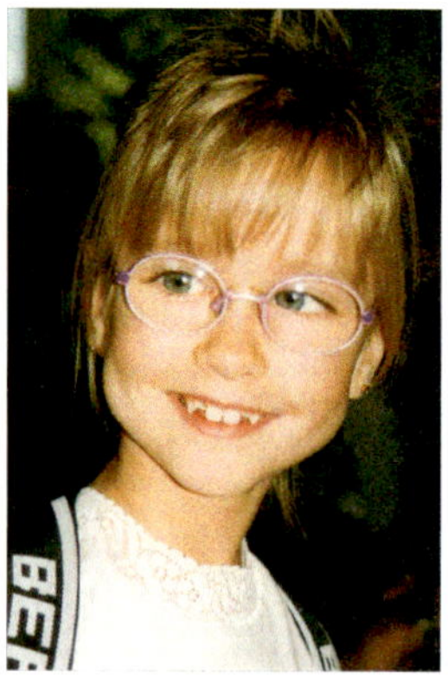
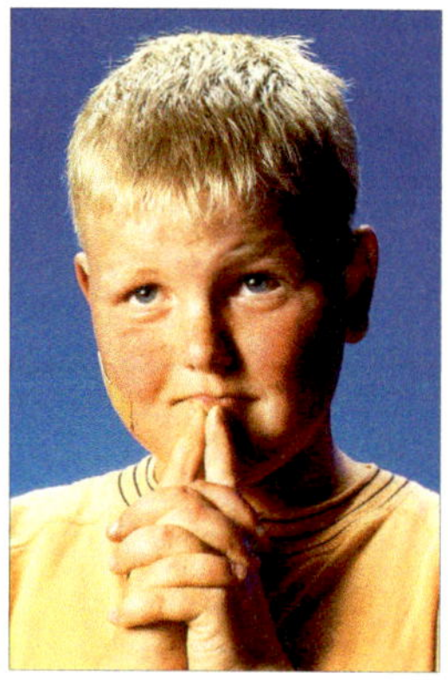

1. Lies den Text. Warum ist er witzig?
2. Schreibe den Text ab. Unterstreiche die Adjektive.
3. Was streichst du in dem Gedicht durch, wenn du deine Freundin oder deinen Freund beschreibst?
4. Beschreibe ein Kind aus deiner Klasse. Die anderen müssen raten.

AH S. 48

So bin ich

Ich heiße Daniel.
Meine Haare sind dunkel.
Mit meinem Dackel spiele ich
oft draußen. Ich lese gerne
Drachengeschichten.
Diktate mag ich aber gar nicht.

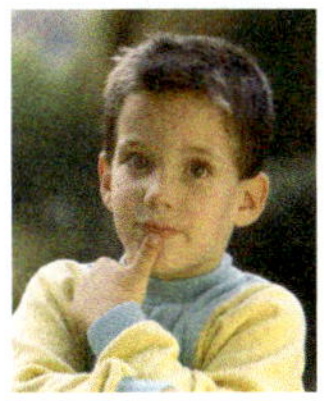

❶ Schreibe alle Wörter mit D/d am Wortanfang heraus.

❷ Schreibe weitere Wörter mit D/d am Wortanfang aus der Wörterliste heraus.

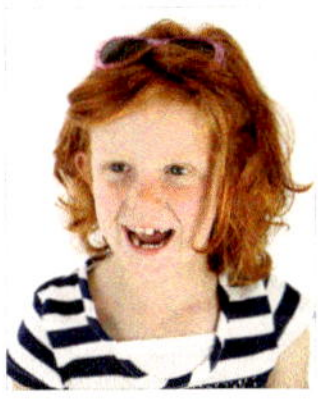

Ich heiße Pia.
Meine Lieblingsfarbe ist pink.
In der Pause tobe ich mit
meinen Freundinnen herum.
Zu Hause spiele ich mit meiner Puppe.
Am liebsten esse ich Pizza.

❸ Schreibe alle Wörter mit P/p am Wortanfang heraus.

❹ Schreibe weitere Wörter mit P/p am Wortanfang aus der Wörterliste heraus.

❺ Beschreibe dich selbst.

⑥ Ihr könnt mit euren Steckbriefen eine Ausstellung machen.

S. 125

AH S. 49

Katze gesucht!

Leonie ist traurig.
Ihr kleiner Kater Max ist verschwunden.
Sie hat ihn schon überall gesucht.
Leonie schreibt eine Suchanzeige.

Wer hat Max gesehen?

Der Kater hat ein rotbraunes Fell mit dunklen Streifen. Die Augen sind grün. Seine Brust ist weiß. Die Schwanzspitze ist schwarz. Er trägt ein rotes Halsband.

Bitte helfen Sie beim Suchen.
Hinweise an Familie Gärtner, Lindenstraße 2.
Telefonnummer: 77409

❶ Wie fühlt sich Leonie?

❷ Welche Katze ist Max? Begründe deine Wahl.

❸ Woran hast du Max erkannt?
Schreibe die Adjektive und die dazugehörenden Substantive so auf: *ein rotbraunes Fell, …*

④ Sammle Adjektive zu deinem Haustier oder einem anderen Tier.
Du kannst es in einem Steckbrief beschreiben.

S. 128/129

AH S. 50

– Leonie klebt eine Suchanzeige an die Straßenlaterne.

– Zum Schluss holt Leonie Max aus dem Tierheim ab.

– Zwei ältere Leute finden Max.

– Nun lesen die Leute die Suchanzeige.

– Anschließend rufen sie Leonie an und berichten vom Tierheim.

– Sie bringen die Katze ins Tierheim.

❶ Lies die Sätze und vergleiche sie mit den Bildern.

❷ Schreibe die Sätze in der richtigen Reihenfolge auf.

❸ Was würdest du tun, wenn du ein Tier findest?

AH S. 51

Das Eichhörnchen

Es *blinzelt/schaut* aufmerksam umher.

Es *springt/hüpft* von Ast zu Ast.

Es *frisst/knabbert* eine Nuss.

❶ Welche Verben beschreiben die Bilder am besten?
Schreibe diese Sätze ab.

Zu einem **Wortfeld** gehören **Wörter mit ähnlicher Bedeutung**.
Mit ihnen kann man etwas genauer ausdrücken.
Wortfeld „gehen": laufen, hüpfen, springen, …
Wortfeld „essen": fressen, knabbern, mampfen, …

Lotta *schaut/blinzelt* aus dem Fenster.
Plötzlich *erkennt/entdeckt* sie das Eichhörnchen.
Lotta *besichtigt/beobachtet* das Tier.
Das Eichhörnchen *starrt/sieht* eine Amsel an.
Die Amsel *blickt/guckt* aufgeregt umher
und schimpft.
Muss sie Angst um ihre Eier haben?

❷ Schreibe den Text mit den jeweils passenden Verben auf.
Unterstreiche die eingesetzten Verben.

❸ Schreibe diese Verben nun so auf: *sie schaut – schauen, …*

Die Amsel … aufgeregt hin und her.
Plötzlich … das Eichhörnchen
in die Hecke. Lotta … in den Garten.
Sie … zu den Sträuchern und
schaut in das Nest. Noch ist es leer.
Das Eichhörnchen … den nächsten
Baum hoch.
Erleichtert … Lotta wieder ins Haus.

springt rennt läuft geht klettert hüpft

4. Schreibe den Text mit den zutreffenden Verben auf.
5. Finde noch weitere Verben zum Wortfeld gehen.

das Tier   in der Erde   gräbt   unter einem Strauch

eine Haselnuss   dort   das Eichhörnchen   findet

knackt   es   die harte Schale   mit den Zähnen

besonders gut   dem Eichhörnchen   schmeckt   der weiche Kern

6. Bilde aus den Satzteilen vollständige Sätze.
   Achte auf die Satzanfänge und die Satzschlusszeichen.
7. Lies deinen Text vor.
   Habt ihr alle die gleichen Sätze geschrieben?
8. Informiere dich über Eichhörnchen und
   schreibe weitere Sätze.

S. 127

AH S. 52

Gefühle sind wie Farben

Farben können manchmal Gefühle besonders gut beschreiben.

Paul mag Lotta sehr.
Sie hat ihn angelächelt.
Er sieht alles rosarot.

Maro hat Kim die Stifte weggenommen.
Kim ist rot vor Wut.

1. Kennst du das auch?
   Erkläre die Sätze unter den Bildern.

2. Finde weitere Beispiele.

Diesmal hat Pit sicher viele Fehler im Diktat.
Er sieht ….

Du hast Langeweile und bist allein.
Für dich ist alles ….

Maro fühlt sich richtig wohl.
Die Welt ist für ihn ganz ….

bunt   grau   schwarz

3. Welche Farben passen am besten?
   Schreibe die Sätze auf.

4. Wann ist für dich alles grau?

S. 130/131

Elfchen

Diese Elfchen haben die Kinder einer 2. Klasse geschrieben:

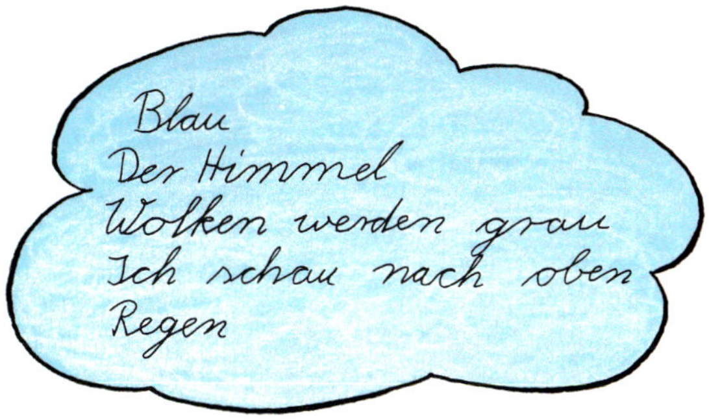

Elfchen sind kurze Gedichte, die sich nicht reimen.
Sie bestehen **aus elf Wörtern**.
Zeile 1: ein Adjektiv
Zeile 2: ein Substantiv mit Artikel, das zum Adjektiv passt
Zeile 3: ein Satz aus drei Wörtern, der zur Sache passt
Zeile 4: ein Satz mit vier Wörtern, der mit „ich“ beginnt
Zeile 5: ein Wort als abschließender Gedanke

❶ Schreibe ein Wiesenelfchen.
Diese Vorgaben helfen dir weiter:

Wiesenelfchen
Zeile 1: ein Adjektiv, das zur Wiese passt
Zeile 2: ein passendes Substantiv mit Artikel
Zeile 3: Wie ist das Substantiv?
Zeile 4: Was tust du?
Zeile 5: ein Schlusswort

② Schreibe ein eigenes Elfchen.

Sascha

Sascha ist fast zehn Jahre alt. Als kleines Kind hat er lange im Krankenhaus gelegen, darum geht er erst in die 2. Klasse. Sascha kann nicht so gut laufen. Er braucht ein großes Gestell als Laufhilfe. Am liebsten krabbelt er auf allen vieren. Manchmal bewegen sich seine Hände und Beine ganz seltsam. Dann kann er gar nichts mit ihnen anfangen. Er spielt mit seinen Freunden gerne „Uno“ oder „Verrücktes Labyrinth“.

Eines Tages bekommt die Klasse 2c eine neue Lehrerin. Die Lehrerin ist nett, aber sie weiß nicht viel über Sascha. Sascha macht Faxen. Alle lachen. Nur die Lehrerin nicht. Sie tut, als ob gar nichts sei.

Sascha sagt: „Ich kann das nicht abschreiben.“ Die Lehrerin gibt ihm dann eine neue Aufgabe.

Sascha sitzt unter dem Tisch. Die Lehrerin läuft zu ihm. „Bist du hingefallen?“, fragt sie besorgt. „Nein“, sagt Sascha. Die Lehrerin schluckt. Sie versucht Sascha unter dem Tisch zu übersehen.

Am nächsten Tag sitzt Sascha wieder unter dem Tisch.
„Warum sitzt du eigentlich da unten?“, fragt die Lehrerin.
„Weil ich möchte, dass du mit mir genauso schimpfst wie mit den anderen.“

Sabine Trautmann

- Warum schimpft die Lehrerin nicht mit Sascha?
- Was will Sascha erreichen?

Was mein Körper alles kann

Ich habe zwei Augen, um dich zu sehen.
Ich habe zwei Beine, um zu dir zu gehen.

Ich habe zwei Arme, die im Dunkeln dich führen.
Ich habe zwei Hände, die dich gerne berühren.

Ich habe zwei Ohren, um dir zuzuhören.
Ich hab’ einen Mund, der will dich nicht stören.

Ich hab’ eine Nase, die schnuppert im Topf,
und wenn ich denken will, benutz’ ich den Kopf.

Sabine Trautmann

- Lerne das Gedicht auswendig.
- Zeige dabei auf das jeweilige Körperteil.

Heute geh ich aus dem Haus

Heute geh ich aus dem Haus
in die weite Welt hinaus.

Will mit meinen Augen sehen,
wie der Fuchs den Hasen jagt
und der Biber Bäume nagt.

Will mit meiner Nase riechen,
was so durch die Lüfte fliegt
und in unserem Garten blüht.

Will mit meinen Ohren hören,
was der Wind dem Raben sagt
und der Frosch im Stadtpark quakt.

Will mit meiner Zunge schmecken
Nachbars Äpfel, Birnen, Pflaumen
und den ungewasch'nen Daumen.

Will mit meinen Händen fühlen,
ob der Schmerz im Feuer liegt
und der Igel wirklich pikt.

Müde schleiche ich nach Haus –
doch morgen geh' ich wieder aus!

Helme Heine

- Was kannst du sehen, riechen, hören, schmecken und fühlen, wenn du in den Garten oder in den Park gehst?

Wie Tiere ihre Umwelt wahrnehmen S. 137

Der Hund verlässt sich meist auf seinen Geruchssinn. Mit der Schnauze auf dem Boden verfolgt er eine Spur.

Ratten finden sogar in der Dunkelheit ihren Weg. Mit ihren dicken, steifen Tasthaaren ertasten sie jedes Hindernis.

Bienen ertasten mit ihren Fühlern, wie groß die Öffnung des Bienenstocks ist. Außerdem können Bienen mit ihren Fühlern schmecken.

Obwohl Eichhörnchen ihre vergrabenen Vorräte durch den Schnee riechen, können sie sich nicht an alle Orte erinnern.

- Was passiert mit den nicht gefundenen Vorräten der Eichhörnchen?
- Hast du schon einmal beobachtet, wie eine Fliege ein Stück Käse oder einen Klecks Marmelade mit ihren Beinchen untersucht?

AH S. 53

Katzen – Jäger auf vier Pfoten

Katzen klettern geschickt auf Bäume oder schleichen durch das Gebüsch. Durch ihre besonderen „Katzenaugen“ können sie bei Tag und Nacht gut sehen. Auch ihre Tasthaare sind wichtig, um die Umgebung zu erkunden. Die scharfen Krallen können sie einziehen und sich dadurch lautlos bewegen.

Katzen sind sehr geschickte Jäger. Sie beobachten ihre Beute genau und packen dann blitzschnell mit ihren Krallen zu. Sie fressen gern Mäuse, kleine Vögel und manchmal auch Fische.

Obwohl Katzen keine so enge Bindung an Menschen haben wie Hunde, spielen sie gern mit ihnen. Schnurren sie um die Beine, heißt das: Ich möchte gestreichelt werden. Zeigen sie jedoch einen „Katzenbuckel“ und fauchen dabei, bedeutet das: Ich möchte in Ruhe gelassen werden.

- ● Finde zu jedem Abschnitt eine Teilüberschrift.
- ● Vergleicht eure Überschriften.
- ● Erzählt euch gegenseitig, was ihr euch dazu gemerkt habt.
- ○ Informiert euch im Internet über die verschiedenen Katzenrassen.

AH S. 54

Franz Marc:
Die weiße Katze
(Kater auf gelbem
Kissen, 1912)

- Beschreibe das Bild.

Ich male

Ich mal' mit Tusche, Katz und Hund
wie ich sie gerne hätt':
Die Katze gelb und kugelrund,
den Hund gestreift und kunterbunt
und beide sehr, sehr nett.

Sie spielen Hasch mit einer Maus –
Die mal' ich grün kariert;
So sieht auch sie sehr lustig aus
und springt vergnügt ums lila Haus,
vor dem das Spiel passiert.

Nun ist noch für die Sonne Platz,
sonst bleibt der Himmel grau;
doch alles Gelb im Farbenschatz
verbrauchte ich schon für die Katz –
drum, Sonne, wirst du blau!

Rudi Strahl

- Vergleiche die Bilder mit den Strophen des Gedichtes.

Die Königin der Farben S. 137

Eines Morgens trat Malvida, die Königin, vor ihr Schlosstor.
Sie rief ihre Untertanen.

Das Blau kam.
Es war sanft und mild.
Es begrüßte Malvida freundlich
und erfüllte den Himmel,
erfüllte die Königin und verschwand leise.

Dann rief Malvida das Rot.
Es warf sie fast um.
Doch sie befahl ihm, ein Pferd zu sein
und so durchritten sie das Königreich.
Das Rot war wild und tat gefährliche Dinge.
Malvida fühlte sich auch wild und gefährlich.

Irgendwann hatte sie genug und befahl dem Rot
zu verschwinden.

Es blieb ein bisschen Rosa, aber nicht lange,
denn dann kam das Gelb.
„Bleib!“, sagte sie, „du bist so schön warm und hell.“
Aber das Gelb war nicht nur warm und hell,
sondern konnte auch zickig und gemein sein.

Doch das konnte Malvida auch,
und so kam es zum Streit.

Das sanfte Blau wollte schlichten,
aber es konnte sich nicht durchsetzen.
Dann kam noch neugierig das Rot dazu,
und alles wurde grau.
Und grauer.
Und grauer.

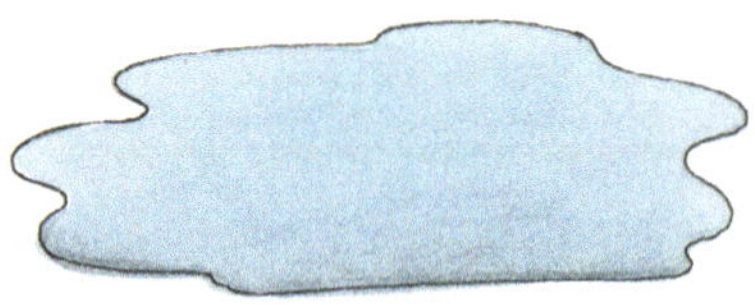

Malvida war grau, das Schloss war grau,
der Berg war grau, der Himmel war grau.

„Hau ab!“, sagte Malvida.
Sie schimpfte, tobte, schrie!

Das Grau ließ sich nichts befehlen,
es blieb.
So verging eine lange Zeit.

Die Königin der Farben war keine Königin mehr.
Sie war nicht mehr sanft, nicht mehr wild,
nicht mehr warm, nur noch traurig.

Da musste Malvida weinen.
Erst ganz schwach und leise,
dann immer stärker und lauter.
Es quollen Mengen von Tränen hervor,
und je mehr sie weinte,
umso mehr verschwand das Grau.

Stattdessen waren überall ihre Tränen.
Und da waren sie wieder:
Das sanfte Blau,
das wilde Rot,
das warme und manchmal gemeine Gelb.

Sie spielten zusammen ...

Jutta Bauer

- Mit welchen Eigenschaften werden die Farben beschrieben?
- Welche Farbe passt heute zu dir? Begründe.
- Male ein Bild zu der Geschichte.
- ○ Ihr könnt die Geschichte lesen und mit Klanginstrumenten begleiten.

Substantive

1 Schreibe die Wörter mit Artikel auf,
die zu dem nebenstehenden Bild passen.

Schnecken Käfer Kühe
Bienen Wiesel
Ameisen Pferde Raupen
Regenwürmer Frösche
Spinnen Vögel

Teddy Suppenschüssel
Puppe Lampenschirm
Kinderwagen Garage
Eisenbahn Eisdiele
Bücher Bild Schal

2 Lies die folgenden Texte erst langsam,
dann immer schneller.

3 Schreibe deinen Lieblingsvers ab.

❹ Ergänze die Reimwörter zu den Substantiven.
Schreibe die Sätze ab.

Maus | Nase | Wurm | Flasche | Riese | Suppe | Pfütze

Auf der **Wiese** steht ein ▒▒▒.
Aus dem **Haus** rennt eine ▒▒▒.
Ein **Hase** schnuppert mit der ▒▒▒.
Unter einem **Turm** wohnt ein ▒▒▒.
Lottas **Puppe** isst keine ▒▒▒.
In der **Tasche** liegt eine ▒▒▒.
Maros **Mütze** fliegt in die ▒▒▒.

❺ Unterstreiche bei den Reimwörtern, was gleich bleibt.

⑥ Du kannst weitere Reimwortpaare suchen.

❼ Lies die untereinander stehenden Wörter.

Winter	Kinder
Winterschlaf	Kinderzimmer
Winterschlafplatz	Kinderzimmerschrank

❽ Schreibe die Wörtertreppen ab.

❾ Schreibe die einzelnen Substantive mit Artikel auf:
der Winter, der Schlaf, ...

❿ Bilde auch aus den folgenden Substantiven Wörtertreppen.
Schreibe sie auf.

Fuß | Ball | Spiel

Traum | Haus | Gewinn

⑫ Du kannst eigene Wörtertreppen bilden.

Adjektive

Mit deinen fünf Sinnen entdeckst du die Welt.
Du kannst sehen, fühlen, hören, schmecken und manchmal riechen, wie etwas ist.

1. Welche Eigenschaften kannst du sehen, welche fühlen, hören und schmecken? Schreibe auf, welche Adjektive zu welchem Sinn passen.
   sehen: *dick, glatt, gelb, …*
   fühlen: *dick, glatt, hart, …*

bitter	dick	gelb	glatt	groß	hart
kalt	kurz	lang	laut	leise	salzig
sauer	scharf	süß	warm	weich	weiß

2. Bilde mit den Adjektiven Sätze: *Der Ball ist groß.*
3. Schreibe nun so auf: *der große Ball, …*
4. Schreibe den Text ab.

Tim ist krank
Tim hat einen trockenen Hals.
Seine rote Nase läuft.
Mutter kühlt Tims heiße Stirn.
Sie macht ihm kalte Umschläge.
Vater gibt ihm warmen Tee.
Er liest ihm eine schöne Geschichte vor.

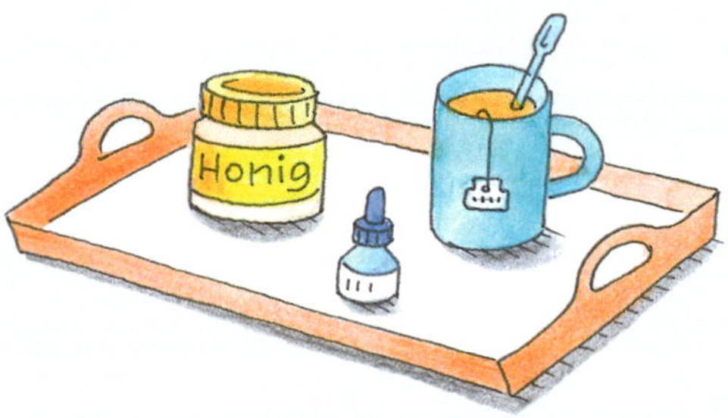

5. Wie sind sein Hals, seine Nase, seine Stirn, die Umschläge, der Tee und die Geschichte?
   Schreibe so: *Tims Hals ist trocken. Seine Nase …*

Wortfelder

1 Schreibe den Text mit den passenden Verben auf.
Benutze jedes Verb nur einmal.

schauen | entdecken | gucken | beobachten | starren

Entsetzt … Lena auf ihr Heft.
Mitten auf der Seite … sie ein rotes Herz.
Vorhin hat Uwe sie die ganze Zeit … .
Ob er das Herz gemalt hat?
Lena … sich im Klassenraum um.
Uwe … zur Tafel.
Nachher wird Lena mit ihm reden.

2 Finde weitere Wörter für das Wortfeld sehen. Schreibe sie auf.

3 Schreibe den Text mit den passenden Verben auf.

laufen | schlendern | gehen | schleichen

Lena kommt aus der Schule. Sie ist wütend.
Uwe hat alles abgestritten.
Aber jetzt … er hinter ihr her.
Lena … am Schulhaus vorbei.
An der Ecke schaut sie sich um.
Uwe … ganz langsam die Straße entlang.
Er lacht sie an.
Soll Lena warten oder nach Hause …?

4 Schreibe die eingesetzten Verben so auf: *er läuft – laufen, …*

5 Schreibe die Geschichte von Lena und Uwe zu Ende.

6 Welche Verben gehören zum Wortfeld sprechen? Schreibe sie ab.

sagen | lesen | rufen | reden | schreien | hüpfen
erzählen | flüstern | essen | meinen | spazieren

Wörter mit P/p und D/d

❶ Schreibe alle Wörter mit P/p am Wortanfang heraus.

In der Pause erzählt Pia von ihren Geschenken:
Mit der Post bekam sie von einer Freundin
neue Pinsel zum Malen.
Aus Pappe und Papier bastelte
ihre kleine Schwester ein putziges Haus.
Ihr Papa überraschte sie mit einem großen Paket
mit einer schönen Puppe.
Plötzlich läutet es und der Unterricht geht weiter.

❷ Welches Adjektiv passt zu welchem Substantiv?
Es gibt mehrere Möglichkeiten.
Schreibe so: *Das Ferkel ist dick. …*

dünn dick dunkel dreckig dicht

Buch Ferkel Wald Fell Zimmer

❸ Ordne die versteckten Verben nach d und p in einer Tabelle.

denkenputzenpassendankendrehenpolternpetzenduschendürfenpurzeln

Mit den Händen sehen
Lotta verbindet Maro die Augen
mit einem dunklen Tuch.
Er tastet mit den Händen.
Die Puppe war einfach.
Nun dreht Maro den dicken Pinsel
und denkt nach. Plötzlich läutet es.
Alle dürfen in die Pause gehen.

❹ Übe den Text als Diktat.

plötzlich denken Puppe dürfen dick drehen

Wie Tiere ihre Umwelt wahrnehmen

S. 127

❶ Schreibe die Sätze mit den richtigen Tiernamen auf.

___ finden sich auch zurecht, wenn es dunkel ist, denn sie ertasten mit ihren Tasthaaren die Umgebung.

___ verfolgen mit der Schnauze jede Spur.

___ können mit ihren Fühlern schmecken.

___ können sich nicht an alle Vorräte erinnern.

Die Königin der Farben

S. 130/131

❷ Schreibe zu dem Satzanfang den richtigen Schluss auf.

Das Rot	wollte den Streit schlichten.
Das Rosa	war wild und tat gefährliche Dinge.
Das Gelb	blieb nicht lange.
Das Blau	ließ sich nichts befehlen.
Das Grau	war warm und hell.

Geschichten und Märchen

Maro ist krank

Maro liegt im Bett.
Felix hat ihm einige Bücher mit Geschichten mitgebracht.
So lernt Maro am Montag das Sams kennen.
Am Mittwoch liest er schon Pinocchios Abenteuer.
Felix kommt am Donnerstag und spielt mit ihm Karten.
Dienstag und Freitag schaut sich Maro Märchenfilme an.
Endlich ist er wieder gesund.
Deshalb gehen seine Eltern am Samstag mit ihm
in das Puppentheater.
Am Sonntag fährt er mit Oma und Lotta
in den Märchenwald.

❶ Schreibe die Wochentage aus dem Text heraus.

❷ Ordne die Wochentage in der richtigen Reihenfolge untereinander.

❸ Schreibe daneben, was Maro an jedem Tag macht.
Unterstreiche die Wochentage.
Schreibe so: *Am Montag lernt er das Sams kennen. …*

④ Wie sieht dein Plan für diese Woche aus?
Schreibe ihn auf. Du kannst auch Bilder dazu malen.

S. 152/153

AH S. 55

Besuch im Puppentheater

Maro und seine Eltern kaufen an der Kasse
Karten für die nächste Vorstellung.
Alle Kinder sind sehr aufgeregt.
Plötzlich schaut hinter dem Vorhang der
König heraus. Er hat eine goldene Krone
auf dem Kopf.
Schneewittchen hat ein schönes Kleid an.
Sie kostet von dem vergifteten Apfel
und wird krank.
Zum Glück können die Zwerge sie retten.
Alle Besucher klatschen in die Hände,
als der Königssohn sie heiratet.
Maro sagt zu seinen Eltern:
„Das war toll! Davon erzähle ich Lotta!"

1. Schreibe alle Wörter mit K/k am Wortanfang heraus.
2. Finde Wörter zu der Wortfamilie -kauf-. Nutze auch das Wörterbuch.
3. Unterstreiche den gemeinsamen Wortstamm. Schreibe so: *kaufen, Kaufhaus, ...*
4. Verwende drei Wörter in Sätzen.

AH S. 56

Ein verrückter Traum

Lotta liest in ihrem neuen Märchenbuch.

Plötzlich fliegt sie mit ihrem Vater
auf einem Teppich davon.
Dann füttert Lotta mit ihrer Mutter
und Aschenputtel die Tauben.
Später backt die Großmutter mit ihr
einen Kuchen für Rotkäppchen.
Anschließend spielt sie mit ihrem Bruder im Hexenhaus.
Mit ihrer Tante kocht Lotta süßen Brei.
Danach schenkt ihr der Onkel einen Klumpen Gold.
Zum Schluss baut Lotta mit ihrem Großvater
das „Tischlein deck dich".

Nun wacht Lotta auf. Sie reibt sich die Augen.
Schade, es war nur ein Traum!

1. Von welchen Familienmitgliedern träumt Lotta?
2. Was machen die einzelnen Familienmitglieder zusammen mit Lotta?
   Schreibe so: *Der Vater fliegt mit ihr.*
   Er fliegt mit ihr.
3. Du kannst auch aufschreiben, welche Personen zu deinen Verwandten gehören und was du mit ihnen machst.
   Schreibe so: *Mit meinem Vater spiele ich Fußball.*

S. 159

AH S. 57

Märchenberufe

Maro erzählt seinen Freunden
Lotta und Felix:
„In den Märchen der Brüder Grimm
kommen Berufe vor, die es heute noch gibt.“
Lotta und Felix staunen.
Maro zählt sie auf:
„Bei Dornröschen ein Koch –
bei Schneewittchen ein Jäger –
bei Tischlein deck dich ein Schneider.“
Felix ruft gleich:
„Bei Daumesdick ein Bauer –
bei Rumpelstilzchen ein Müller!“
Lotta schaut die Jungen an
und schmunzelt:
„Schade, dass es diese Berufe
damals nicht für Mädchen gab.
Aber ich wäre sowieso lieber Königin geworden.“

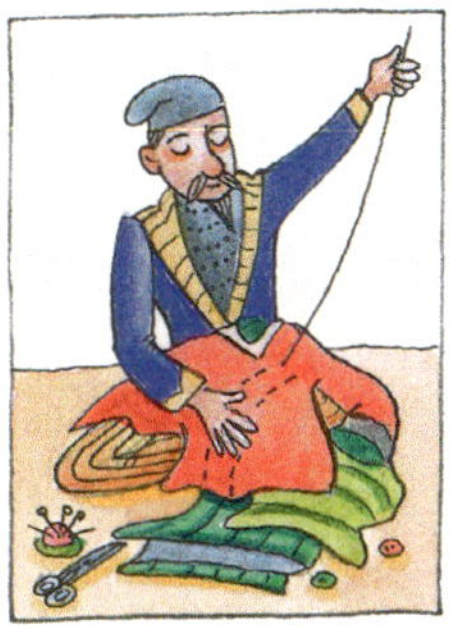

❶ Welche Berufe werden im Text genannt?

❷ Fertige eine Tabelle an und trage die Berufsbezeichnungen für Mädchen und Jungen ein. Ergänze die andere Spalte. Markiere die Unterschiede.

Mädchen	Jungen
Köchin	Koch
...	...

③ Du kannst weitere Berufe eintragen, die es heute gibt.

❹ Was möchtet ihr später werden?
Sprecht darüber und nennt Gründe für eure Wünsche.

AH S. 57

Im Märchenwald

Lotta darf mit Maro und seiner Oma
in den Märchenwald fahren.
Sie laufen an vielen Häuschen mit
Bildern und Figuren vorbei.
Die meisten Märchen erraten sie gleich.
Aber hier ist etwas komisch.
Rumpelstilzchen tanzt mit der Pechmarie.
Kann das sein?

❶ Welche Märchen werden in den Häuschen dargestellt?

❷ Schreibe alle Wörter mit dem Zwielaut ei heraus. Unterstreiche den Zwielaut.

Liebe Cousine,

ich habe mich von den Ereignissen nur schwer erholt. Man sagt mir nach, ich hätte ein kleines Mädchen fressen wollen, das seiner Großmutter Kuchen und Wein bringen wollte. Dabei war es nur ein harmloser Streich.
Ich hoffe, du glaubst mir!

Es grüßt dich dein …

Ihr Lieben,

nun haben wir endlich nach Hause gefunden. Unser Vater war sehr froh, dass wir solchen Reichtum mitbrachten. Nie wieder werden wir in ein Haus aus Lebkuchen gehen!

Liebe Grüße von …

❸ Wer hat die Briefe geschrieben?

❹ Schreibe einen Brief ab und ergänze die Unterschrift.

S. 154/155

AH S. 58

Viele Märchen

Die böse Königin …,
Schneewittchen zu vergiften.

Die Geißenmutter …
ihre sieben Geißlein.

suchen – versuchen

Die Königin wollte nicht …, dass
Rumpelstilzchen ihr Kind mitnahm.

Die Pechmarie wollte die Brote
im Ofen verbrennen … .

lassen – zulassen

Der Wolf wollte Rotkäppchen …,
dass er die Großmutter wäre.

Die Goldmarie musste
bei Frau Holle oft die Betten … .

machen – vormachen

❶ Schreibe die Sätze auf und setze die treffenden Verben ein.

Vorsilben verändern den Sinn eines Verbs:
laufen – **ver**laufen – **vor**laufen – **ab**laufen.

vor, zu, ab

sagen, gießen, weinen

geben, lesen, rufen

rennen, fahren, reden

❷ Bilde sinnvolle Verben und schreibe sie auf.

③ Du kannst Sätze mit diesen Verben bilden.

S. 156

AH S. 59

Märchen

Märchen spielen in der Vergangenheit. Sie beginnen oft mit „Es war einmal …“ und enden mit „… und wenn sie nicht gestorben sind, so leben sie noch heute.“
Oft spielen in Märchen Zahlen eine wichtige Rolle.

Der Wolf und die ● Geißlein

Die ▲ Federn

Schneewittchen und die ● Zwerge

Die ■ Brüder

Die ● Raben

▲ = drei ● = sieben ■ = zwölf

1. Ersetze die Zeichen durch Zahlwörter.
2. Schreibe die Namen der Märchen richtig auf.
3. Welche dieser Märchen kennst du?
   Du kannst die Märchen lesen, die du nicht kennst.

In einigen Märchen haben die Hauptpersonen drei Wünsche frei.

4. Welche drei Wünsche würdest du gerne erfüllt bekommen? Schreibe sie auf.

S. 154

Der Wolf und die sieben Geißlein

1. Wer spricht im Märchen Piris Gedicht?
2. Erzähle das Märchen mit Hilfe der Bilder.
3. Du kannst zu einem Bild einen Text schreiben.

Schneewittchen

Schneewittchen erwacht in einem Bett. Sie schaut sich in dem Zimmer um und erblickt sieben Zwerge mit roten Mützen. Auf dem Tisch stehen Teller und Becher. Daneben liegen Löffel und Messer.

Schneewittchen erwacht in einem Bettchen. Sie schaut sich in dem Zimmer um und erblickt sieben Zwerglein mit roten Mützchen. Auf dem Tischchen stehen Tellerchen und Becherchen. Daneben liegen Löffelchen und Messerchen.

1. Welcher Text beschreibt das Zwergenhaus besser? Begründe deine Meinung.

Die **Nachsilben -chen** und **-lein** verkleinern Substantive. Diese Substantive haben in der Einzahl immer den Artikel **das**.

2. Schreibe die Substantive mit -chen und -lein mit Artikel auf.
3. Schreibe die Grundwörter dazu: *das Bettchen – das Bett, …*

Heft Bild Sessel Ring Eimer

4. Schreibe die Substantive mit Artikel untereinander. Bilde die Verkleinerung. Schreibe sie mit Artikel daneben.

S. 157

AH S. 60

Däumelinchen

Es war einmal ein Mädchen, das war nur so groß wie ein Daumen.
Darum wurde es Däumelinchen genannt.

Däumelinchen war:

Ein niedliches Kind
mit winzigen Fingern,
blauen Augen und
einem rosa Mund.
Als Bett hatte es eine
halbierte Walnussschale.
Mit einem Rosenblatt
deckte es sich zu.

❶ Lies den Text und verändere ihn so, dass Däumelinchen besser beschrieben wird: *Däumelinchen war ein niedliches Kindchen …*

Wenn man die **Nachsilben -chen** und **-lein** benutzt,
wird manchmal aus einem Selbstlaut ein Umlaut.
Auch der Zwielaut au kann sich verändern.

❷ Schreibe das Grundwort und die Verkleinerung aus dem Text auf.
Schreibe so: *Aus Kind wird Kindchen, …*

Rock	Baum	Bauch	
Buch	Tuch	Katze	Maus

❸ Schreibe die Substantive mit Artikel untereinander.

❹ Bilde die Verkleinerung. Schreibe sie mit Artikel daneben.

AH S. 60

Frau Holle

Eine Witwe hatte zwei Töchter, davon war die eine faul und hässlich, die andere fleißig und schön. Sie hatte aber die Faule viel lieber, weil die ihre richtige Tochter war. Die Fleißige musste jeden Tag am Brunnen spinnen.
Einmal fiel ihr jedoch die Spule hinein. Sie sprang hinterher, um sie zu holen. Nach einem langen Weg kam sie zu Frau Holle. Dort arbeitete sie ordentlich und fleißig. Als sie nach Hause wollte, musste sie durch ein Tor gehen und wurde mit Gold überschüttet. Die andere Tochter wollte nun das gleiche Glück haben.
Sie war aber unordentlich und faul.
Als sie nach Hause kam, war sie mit schwarzem Pech überschüttet.

1. Wie werden die beiden Töchter beschrieben?
   Schreibe so: *Die eine Tochter war … Die andere Tochter war …*

süß	rau	kalt	dick	lang	klein
schwer	gelb	jung	böse	spät	schnell

2. Suche zu jedem dieser Adjektive das Gegenteil.
   Schreibe so: *süß – sauer, …*
3. Findest du noch weitere Gegensatzpaare?
4. Bilde Sätze mit einigen Adjektiven.

S. 158

AH S. 61

Von der Hexe, die schwimmen lernen wollte

Es war einmal eine Hexe, die wollte schwimmen lernen.
Im Bach ekelte sie sich vor den Kaulquappen. Am Meer
waren ihr die Wellen zu hoch, und sie mochte die Quallen nicht.
Dann kam sie an einen See, in dem viele Frösche quakten.
Sie hatte gerade einen Zeh ins Wasser gesteckt, da erschien
eine grüne Nixe mit goldenem Haar.
„Kannst du mir helfen?“, fragte die Hexe.
„Ich möchte schwimmen lernen.“
„Ohne Schwanz?“, kicherte die Nixe.
„Das geht nicht!“
Dann tauchte sie unter.
Da wurde die Hexe traurig.
Plötzlich kamen quer über
die Wiese zwei Kinder angelaufen.
„Könnt ihr mir helfen?“, fragte die Hexe.
„Ich möchte gern schwimmen lernen.“
„Ja, gern, wir holen dir einen Schwimm-
reifen und zeigen dir, wie es geht“,
antworteten die Kinder.
So lernte die Hexe doch noch
schwimmen, und wenn sie nicht
gestorben ist, dann lebt sie noch heute.

Ute Schimmler

❶ Woran erkennst du, dass diese Geschichte ein Märchen ist?

❷ Schreibe die Wörter mit x, qu, aa und ee geordnet auf.

❸ Schreibe alle Wörter mit doppeltem Mitlaut heraus.
Markiere den kurz gesprochenen Selbstlaut: *schwimmen, …*

④ Du kannst ein Märchen schreiben:
Von der Hexe, die fliegen lernen wollte

Eine Woche voller Samstage S. 169

Herr Taschenbier ist ein ängstlicher Mensch, der sich vor seiner Zimmerwirtin Frau Rotkohl und seinem Chef fürchtet. An einem Samstag geht er spazieren, um dem Geschimpfe von Frau Rotkohl aus dem Weg zu gehen. Da sieht er eine Menschenmenge um ein kleines Wesen stehen. Herr Taschenbier geht näher und hört Herrn Groll sprechen.

„Wir spielen hier doch nicht Rumpelstilzchen. Wenn du nicht sagen willst, wer du bist, dann werden wir eben die Polizei holen.“

„Die Polizei!“, sagt das kleine Wesen. „Ihr glaubt doch nicht, dass die Polizei weiß, wie ich heiß.“

„Aber ich weiß es vielleicht“, platzte Herr Taschenbier heraus. Mit einem Mal war ihm ein Gedanke gekommen. Wie war es doch gewesen: am Sonntag Sonne, am Montag Herr Mon, am Dienstag Dienst, am Mittwoch Wochenmitte, am Donnerstag Donner, am Freitag frei – und heute war Samstag. Am Samstag Sams! Das war’s!

„Du bist bestimmt ein Sams!“, sagte er entschieden.

Das kleine Wesen am Boden bekam vor lauter Staunen tellergroße Augen und sperrte das Maul auf, dass man meinte, es wolle gleich einen ganzen Laib Brot auf einmal verschlingen.

„Wie hast du das herausgefunden? Woher weißt du, dass ich ein Sams bin?“, fragte es kleinlaut.

„Man muss nur logisch denken können – wie ein Privatdetektiv“, sagte Herr Taschenbier und sah sich stolz um.

Da geschah etwas Unerwartetes: Das Sams kletterte geschwind wie ein Äffchen an Herrn Taschenbier hoch, kuschelte sich in seinen Arm und sagte:

„Ja, mein Papa kann logisch denken. Ihr nicht. Ihr seid alle dumm!“

Dann steckte es den Daumen in den Mund und begann schmatzend daran zu lutschen. „Sie hätten ja gleich sagen können, dass es Ihr Kind ist“, sagte Herr Groll wütend und ging davon. „Aber …“, fing Herr Taschenbier an. „Das ist die heutige Erziehung“, sagte eine Dame. „Das Kind singt Spottverse 📖 auf anständige Leute und der Vater steht dabei und freut sich noch!“ „Aber …“, fing Herr Taschenbier noch einmal an. Das Sams streckte seine Finger aus und hielt ihm einfach den Mund zu. Und ehe Herr Taschenbier irgendetwas erklären konnte, waren die Leute weitergegangen und er stand allein auf der Straße – mit einem Sams auf dem Arm. „Warum sagst du immer Papa zu mir? Das find ich ausgesprochen frech“, sagte Herr Taschenbier und war richtig ein bisschen wütend. „Wieso?“, fragte das Sams und nahm vor Staunen den Finger aus dem Mund. „Du bist doch jetzt mein Papa.“

Paul Maar

- Lest den Text in verteilten Rollen.
- Wie könnte die Geschichte weitergehen?

Die Brüder Grimm

Jacob Grimm wurde 1785, sein Bruder Wilhelm Grimm
1786 in Hanau geboren.
Damals gab es keine Fernseher.
Deshalb erzählten sich die Menschen abends gern Geschichten.
Diese wurden zwar immer weitererzählt,
aber nirgendwo aufgeschrieben.
Die Brüder Grimm liebten Märchen.
Deshalb beschlossen sie, diese zu sammeln.
Viele Märchen erzählte ihnen eine Schneiderin,
die in einem Dorf bei Kassel lebte.
Das Märchen Rumpelstilzchen lernte Wilhelm Grimm
von Dorothea Wild kennen. Er heiratete sie später.
Manchmal veränderten die Brüder Grimm die gehörte Fassung
der Märchen ein wenig, um sie noch märchenhafter zu gestalten.
Sie fügten auch Teile aus anderen Märchen ein,
wenn die Handlung Lücken hatte.
Im Jahr 1812 gaben Jakob und Wilhelm Grimm das Buch
„Kinder- und Hausmärchen" heraus.
Wilhelm Grimm starb 1859, sein Bruder 1863.

Rumpelstilz sucht Freunde

Ach, wie dumm, dass niemand weiß,
dass ich Rumpelstilzchen heiß.

Niemand schreibt mir Liebesbriefe,
niemand fragt, ob ich gut schliefe.

Niemand schreibt mir Ansichtskarten,
lädt mich ein in seinen Garten.

Niemand wünscht mir frohe Feste,
niemals kommen zu mir Gäste.

Niemals schrillt das Telefon,
so geht das seit Jahren schon.

Doch so will ich nicht verweilen,
deshalb schreib ich diese Zeilen.

Damit nun ein jeder weiß,
dass ich Rumpelstilzchen heiß.

Gerold Jatzek

- ● Zähle auf, worüber sich Rumpelstilzchen ärgert.
- ○ Du kannst ihm einen Brief oder eine Karte schreiben.

Zwölf mit der Post S. 169

Am Ende der Welt hält eine Postkutsche an einer Grenzstelle. Aus ihr steigen zwölf Fahrgäste, Männer und Frauen. Zuerst kommt ein dicker Mann in einem Pelzmantel, der es eilig hat, weil er viele Bälle geben muss. Der Nächste ist ein vergnügter Bursche. „Ich bin etwas kurz geraten“, stellt er sich vor, „nur achtundzwanzig Tage lang.“ Der dritte Herr sieht etwas verfroren aus, trägt aber Veilchen im Knopfloch. Da drängelt ihn schon der Nächste zur Seite. „Kalt und warm, auf und ab, Regen und Sonnenschein, das macht Vergnügen.“ Jetzt tippelt eine reizende Dame heran. Sie duftet nach Maiglöckchen und trägt ein Vögelchen auf dem Hut. Die beiden Nächsten sind eine junge Dame und ihr Bruder. Sie haben nur Badeanzüge und Sommersachen im Gepäck. Nun schiebt sich eine dickliche Obsthändlerin heran. „Arbeit und Brot macht die Wangen rot“, sagt sie und nickt dabei. Jetzt erscheint ein Herr, der wohl Maler ist. Er trägt einen grauen Mantel und eine graue Mütze. Sein einziges Gepäck ist ein Farbkasten. „Macht mir Platz“, ruft da ein Gutsbesitzer, der mit Hund, Gewehr und einer Tasche voller Nüsse erscheint. Er will noch etwas erzählen, ist aber nicht zu verstehen, da der folgende Fahrgast immer wieder hustet, niest und sich die Nase schnäuzt. Ganz zuletzt steigt eine zarte alte Dame aus. Sie hat strahlende Augen und trägt einen Tannenbaum mit sich. Außerdem zieht sie einen riesigen Koffer hinter sich her. „Das sind lauter Geschenke“, sagt sie. „Am Weihnachtsabend werde ich den Baum schmücken und euch vom Stern von Bethlehem erzählen.“

Hans Christian Andersen (gekürzt)

- Wer sind die Zwölf mit der Post?
- Gib jedem Fahrgast seinen Namen und beschreibe ihn.

AH S. 62

Das Rübenziehen

Väterchen hat Rüben gesät. Er will eine Rübe herausziehen, er packt sie beim Schopf, er zieht und zieht und kann sie nicht herausziehen.

Väterchen ruft Mütterchen. Mütterchen zieht Väterchen, Väterchen zieht die Rübe, sie ziehen und können sie nicht herausziehen.

Kommt das Enkelchen: Enkelchen zieht Mütterchen, Mütterchen zieht Väterchen, Väterchen zieht die Rübe, sie ziehen und ziehen, können sie nicht herausziehen.

Kommt das Hündchen: Hündchen zieht Enkelchen, Enkelchen zieht Mütterchen, Mütterchen zieht Väterchen, Väterchen zieht die Rübe, sie ziehen und ziehen, können sie nicht herausziehen.

Kommt das Hühnchen: Hühnchen zieht Hündchen, Hündchen zieht Enkelchen, Enkelchen zieht Mütterchen, Mütterchen zieht Väterchen, Väterchen zieht die Rübe, sie ziehen und ziehen, können sie nicht herausziehen.

Kommt das Hähnchen: Hähnchen zieht Hühnchen, Hühnchen zieht Hündchen, Hündchen zieht Enkelchen, Enkelchen zieht Mütterchen, Mütterchen zieht Väterchen, Väterchen zieht die Rübe, sie ziehen und ziehen – schwupps, ist die Rübe heraus und das Märchen ist aus.

Volksgut aus Russland

○ Dieses Märchen könnt ihr nachspielen. Verkleidet euch dafür.

Verrückte Namenwelt

Herr Groß ist sehr klein,
Herr Klein ist sehr groß.
Was ist mit den Namen los?

Herr Gefräßig isst wenig,
Herr Schlank haut sich voll.
Ist das nicht toll?

Frau Dünn ist sehr dick,
Frau Dick ist sehr dünn.
Wo führt das hin?

Herr Pfeil geht sehr langsam,
Herr Schnecke läuft schnell.
Komisch, gell?

Herr Dumm ist recht schlau,
Herr Schlau ist sehr dumm.
Ich frag` mich: Warum?

Frau Lauter ist leise,
Frau Ruhig schlägt Krach.
Dass ich nicht lach`!

Herr Wurm stolziert aufrecht,
Herr Stolz schleicht gebückt.
Das ist verrückt!

Herr Faul ist so fleißig,
Herr Fleißig recht faul.
Mich tritt ein Gaul!

Herr Gärtner flickt Schuhe,
Herr Schuster pflanzt Bäume.
Ich glaube, ich träume!

Herr Reich muss meist hungern,
Herr Arm hat viel Geld.
Verrückte Namenwelt!

Kurt Franz

- Schreibe die Gegensätze auf. Schreibe so: *Herr Groß ist klein, …*
- Lies das Gedicht so, dass die Gegensätze betont werden.
- ○ Du kannst weitere Beispiele mit Hilfe des Telefonbuches bilden.

Marc Chagall

Der Maler dieses Bildes wurde in Witebsk (Weißrussland) geboren. Er lebte von 1887 bis 1985.

Marc Chagall: Der blaue Zirkus

In seinen Bildern erzählt er oft von seinem Heimatdorf und seinen Bewohnern. Dabei erinnert Marc Chagall an seine Kindheit und Jugendzeit.

1922 verließ er Russland, siedelte nach Paris über und wurde ein anerkannter Künstler.

Oft malte er Menschen und Tiere, die er märchenhaft darstellt: Uhren und Haustiere hängen am Himmel, Pferde schweben durch die Lüfte, eine Uhr hat Flügel oder das Haus hat ein Auge. Seine Bilder malte er mit kräftigen, leuchtenden Farben.

Die Bilder Marc Chagalls hängen heute in vielen Galerien auf der ganzen Welt.

- Schreibe auf, was du über den Maler dieses Bildes erfährst.
- Was siehst du auf dem Bild? Beschreibe.

Die Schildkröte hat Geburtstag

Die Schildkröte hatte Geburtstag. Als sie im klaren Morgenlicht aufwachte, dachte sie: Heute habe ich Geburtstag! Ob ich Geschenke bekomme? Am liebsten möchte ich einen großen, grünen, saftigen Salatkopf haben! Hoffentlich denkt einer daran!

Zuerst kam der Löwe. „Einen fröhlichen Geburtstag, Schildkröte!“, rief er. „Ich habe dir etwas Schönes mitgebracht! Ein großes Stück Fleisch!“ Die Schildkröte freute sich, dass der Löwe an ihren Geburtstag gedacht hatte. Sie war auch eine höfliche Schildkröte. „Vielen Dank, lieber Löwe“, sagte sie, „es ist nett von dir zu kommen. Aber ich esse nicht gern Fleisch. Ich esse am liebsten grünen Salat. Iss es selbst auf und wir plaudern ein bisschen dabei.“ „Du weißt wirklich nicht, was gut schmeckt“, sagte der Löwe und verspeiste das Fleisch mit großem Appetit. …

Der nächste Besuch war der Elefant. „Einen fröhlichen Geburtstag, Schildkröte!“, sagte er. „Ich habe dir einen Eimer Wasser zum Planschen mitgebracht!“ „Das ist sehr liebenswürdig von dir“, sagte die Schildkröte, „aber Wasser habe ich nicht gern – nur vielleicht ein paar Tropfen Tau auf einem grünen Salatblatt.“ „Du kannst dich mit dem Rüssel duschen!“, sagte der Elefant. „Es macht großen Spaß!“ „Dann dusch du dich doch bitte“, sagte die Schildkröte, und der Elefant duschte sich tüchtig, bis das Wasser alle war. …

Nach ihm kam der Pelikan. „Einen fröhlichen Geburtstag, Schildkröte!“, sagte er. „Ich habe eine Überraschung für dich! Guck mal in meinen Schnabel hinein!“

Darin lag ein großer Fisch. „Vielen Dank“, sagte die Schildkröte, „aber Fisch esse ich nicht! Iss du ihn selbst auf und erzähle mir, wie du ihn gefangen hast.“ Der Pelikan verschluckte den Fisch… . …

Nach einer Weile kam das Nashorn. „Einen fröhlichen Geburtstag, Schildkröte!“, schnaufte es. „Ich habe dir ein Schlammbad mitgebracht.“ „Vielen Dank“, sagte die Schildkröte, „aber Schlamm habe ich nicht gern – nur wenn ein junger Salatkopf darin wächst. Willst du nicht selbst ein Bad zur Erfrischung nehmen?“ Das Nashorn kletterte fröhlich hinein. …

Die Sonne ging langsam unter und die Schildkröte wurde ein bisschen traurig. Mein Geburtstag ist fast vorbei, dachte sie. Es war nett von meinen Freunden, mich zu besuchen und so viele Geschenke zu bringen. Aber ich hätte so gerne nur einen ganz kleinen Salatkopf bekommen. Vielleicht im nächsten Jahr! Eine Träne rollte ihre Wange herunter.

Plötzlich hörte sie eine kleine Stimme. „Schildkröte! Bist du noch wach?“ Es war die Maus mit einem großen Paket. „Einen fröhlichen Geburtstag!“, piepste sie. „Ich komme leider sehr spät, aber das Paket war so schwer zu schleppen.“ „Was kann nur darin sein!“, rief die Schildkröte. Sie machte es auf. Darin lag ein Salatkopf. Groß. Grün. Saftig. Mit ein paar Tropfen Tau auf den inneren Blättern. …

„Du bist meine allerbeste Freundin, weil du mich verstehst“, sagte die Schildkröte und gab ihr einen Kuss. …

Elizabeth Shaw (gekürzt)

- Was wünscht sich die Schildkröte zu ihrem Geburtstag?
- Warum freut sie sich nicht über die Geschenke der großen Tiere? Was hat die Maus bei ihrem Geschenk bedacht?
- Lest den Text mit verteilten Rollen. Ihr könnt die Geschichte auch mit Stabpuppen spielen.

AH S. 63

Wie es kam, dass der Hamster den Tiger fraß

Alle Tiere lebten in einem Garten zusammen. Eines Tages erschraken sie über das Schmerzgebrüll des Tigers.

„Was ist los?“, fragte der Hase den Vogel Strauß, der neben dem Tiger wohnte. „Der Hamster hat den Tiger in den Schwanz gebissen“, antwortete der Strauß, der es gesehen hatte.

„Was ist los?“, fragte das Zebra den Hasen, dessen Nachbar es war. „Der Hamster hat dem Tiger ein Stück vom Schwanz abgebissen“, antwortete der Hase.

„Was ist los?“, fragte die Giraffe das Zebra. „Der Hamster hat dem Tiger den Schwanz abgebissen.“

„Was ist los?“, fragte der Elefant seine Nachbarin, die Giraffe. „Der Hamster hat von rückwärts den Tiger angefressen“, antwortete die Giraffe.

„Was ist los?“, fragte das Kamel den Elefanten. „Der Hamster hat den Schwanz und die Hinterbeine des Tigers gefressen“, antwortete der Elefant.

„Was ist los?“, fragte der Bär das Kamel. „Der Hamster hat den halben Tiger gefressen.“

„Was ist los?“, fragte das Pony. „Der Hamster hat den Tiger gefressen, und es ist nur noch ein Stück von ihm da“, antwortete der Bär.

„Was ist los?“, fragte das Nashorn. „Der Hamster hat den Tiger bis auf den Kopf gefressen“, antwortete das Pony.

„Was ist los?“, fragte die Antilope. „Der Hamster hat den Tiger samt dem Kopf gefressen“, antwortete das Nashorn.

So kam es, dass der Hamster den Tiger fraß.

Ursula Ziebarth

- Lest den Text mit verteilten Rollen.
- Ihr könnt die Geschichte auch nachspielen.
- Schreibe eine Einladungskarte für euer Theaterspiel. Wichtig sind: Tag, Zeit, Ort und Anlass der Einladung.

Wochentage

❶ Schreibe die Wochentage auf. Setze die fehlenden Buchstaben ein.

Mo_tag   So__tag   Mi__woch   Fr__tag

Sam_tag   D__nstag   Do__erstag

❷ Kontrolliere mit der Wörterliste.

❸ Kreise den Wochentag ein, der nicht auf -tag endet.

Berufe

❹ Schreibe die Sätze richtig auf.

Diegärtnerinpflanztblumenundgemüse.

Derschreinerstelltmöbelher.

Derpolizistregeltdenverkehraufderstraße.

Dieschneiderinnähthosenundröcke.

❺ Unterstreiche die Berufe.

Sätze verlängern

Am

Am Sonntag

Am Sonntag geht

Am Sonntag geht Lea

…

❻ Schreibe ab. Verlängere immer um ein Wort.
Wer findet den längsten Satz?

Märchenfiguren

Rumpelstilz – chän / schen / chen

Rapun – zel / zell / zil

Froschkö – nich / nig / nieg

❶ Schreibe die Märchenfiguren richtig auf.

Gegenteilige Adjektive

Der Riese im Märchen ist groß klein .

Die Hexe im Knusperhaus ist jung alt .

Der Goldklumpen von Hans ist schwer leicht .

Die Goldmarie bei Frau Holle ist faul fleißig .

❷ Schreibe die Sätze mit den richtigen Adjektiven ab.

③ Du kannst die Gegenteile zu den Adjektiven finden. Schreibe sie paarweise auf.

dick hell lustig kurz weich eckig

Wortfeld „leise"

❹ Schreibe die Sätze mit den richtigen Adjektiven auf.

still flüsternd lautlos

Die Schüler der Klasse 2b werden ganz ░░░░.

Die Lehrerin erzählt ░░░░ eine spannende Geschichte.

Danach gehen alle ░░░░ in die Pause.

❺ Erkläre die unterschiedlichen Bedeutungen.

Wochentage

❶ Setze die Silben zu Wochentagen zusammen.

Diens-	Don-	Frei-	Mitt-	Mon-	-ners-	Sams-	Sonn-
-tag	-tag	-tag	-woch	-tag	-tag	-tag	

❷ Schreibe mit jedem Wochentag einen Satz.

Wörter mit qu und x

Maro ist in den Ferien in eine Qualle getreten.
Er hat laut gequiekt. Er und seine Eltern
sind mit dem Taxi ins Krankenhaus gefahren.
Dazu mussten sie quer durch die ganze Stadt.
Sein Bruder Xaver hat in dieser Zeit Quatsch gemacht.
Er hat in Maros neues Hexenbuch gemalt.
Nun kann man den Text nicht mehr lesen.

❸ Schreibe die Wörter mit Qu/qu und X/x geordnet heraus.

❹ Suche weitere Wörter mit diesen Buchstaben.

Wörter mit ee und aa

Die gute F___ hat langes H___r.

Lotta trinkt eine Tasse T___ im S___l.

Maro findet ein p___r Münzen im Schn___.

Der Angler fängt einen ___l im S___.

❺ Schreibe die Sätze auf. Setze aa, ee oder Aa ein.

❻ Markiere Reimwörter unterschiedlich.

Wortfamilien

laufen | das Spiel | verlaufen | sie spielt

der Läufer | Laufschuhe | spielen | ich laufe

Puppenspiel | mitspielen | Spielplatz | Hindernislauf

❶ Schreibe die verwandten Wörter geordnet auf.
Unterstreiche den gemeinsamen Wortstamm.

② Du kannst die Wörter in Sätzen verwenden.

Wörter mit der Nachsilbe -chen

Auf dem Turm sitzt ein Wurm. Kommt ein Sturm,
weht den Wurm vom Turm. – Armer Wurm!

❸ Schreibe den Text ab.
Beginne nach jedem Reimwort eine neue Zeile.

❹ Setze die Nachsilbe -chen an die Substantive und schreibe diesen Text ab.

Gegenteilige Adjektive

Was nicht schwarz ist, das ist ░░░,
was nicht kalt ist, das ist ░░░,
was nicht eng ist, das ist ░░░,
was nicht schmal ist, das ist ░░░.

Was nicht eckig ist, ist ░░░,
wer nicht krank ist, ist ░░░,
wer nicht müde ist, ist ░░░,
wer nicht stark ist, der ist ░░░.

schwach | gesund | breit | rund | weiß | weit | wach | heiß

❺ Schreibe das Gedicht mit den richtigen Reimwörtern auf.
Stelle die Adjektive und ihre Gegenteile so gegenüber:
schwarz – weiß, …

Wörter mit doppelten Mitlauten

kommen sollen erkennen wollen Lotta Mittwoch

Maro geht in die gleiche Klasse wie … .

Max kann die Melodie nach den ersten Tönen … .

Am … wird ein Clown in die Schule … .

Die Kinder der Klasse 2 b … ein Märchen lesen.

Am Schulfest … alle Kinder teilnehmen.

❶ Schreibe die Sätze mit den richtigen Wörtern auf.

❷ Markiere den kurz gesprochenen Selbstlaut.

Vorsilben

❸ Verändere die Verben mit er-, ab-, vor-, auf-, an- und zu-.

stimmen rufen spielen raten sagen fragen

❹ Bilde Sätze mit den neu entstandenen Verben.

Maro besucht Lotta

Am Mittwoch ruft Lotta Maro an.
Sie will Maro ein Märchen vorspielen.
Aber er erkennt das Märchen nicht.
Er kommt nicht weiter.
Lotta soll ihm die Lösung vorsagen.
Das will sie aber nicht.
Da fragt Maro, ob Frau Holle stimmt.
Er hat das Märchen richtig erraten.

❺ Übe den Text als Diktat.

vorspielen vorsagen erkennen kommen wollen – will

Eine Woche voller Samstage S. 152/153

❶ Lies die Wörter in den Sätzen von hinten nach vorne.

.RumpelstilzchennichtdochhierspielenWir

.SamseinbestimmtbistDu

.UnerwartetesetwasgeschahDa

?mirzuPapaimmerdusagstWarum

.PapameinjetztdochbistDu

❷ Schreibe die Sätze richtig auf.

❸ Suche die Sätze im Text und schreibe die Zeilennummern dahinter.

Zwölf mit der Post S. 156

❹ Schreibe die Sätze so auf, wie du sie im Text findest.

❺ Du erhältst ein Lösungswort.

	an einer Haltestelle.	ST
Am Ende der Welt hält eine Postkutsche	an einer Grenzstelle.	J
	an einer Landesgrenze.	P
	in der Hand.	E
Der dritte Herr trägt Veilchen	am Hut.	O
	im Knopfloch.	A
	Badeanzüge.	H
Die Geschwister tragen im Gepäck	Hosenanzüge.	R
	Badehosen.	S
	voller Maronen.	N
Der Gutsbesitzer bringt eine Tasche	voller Eicheln.	T
	voller Nüsse.	R

Der Kern

Ein kleiner Kern, von der Sonne geweckt,
zeigt übers Jahr, was in ihm steckt.
Es ist ein Wunder, du kannst es sehen!
Probier's selbst aus, um dann mit wachen Augen
durch die Welt zu gehen.

Aus einer gelben Sonne fällt
ein Kern hinunter auf die Welt
ins weiche Gras hinein,

schläft in der warmen Erde ein,
lässt den Winter Winter sein

AH S. 64

Das Jahr

und streckt, vom Frühling geweckt,
den Finger aus nach oben, da ist's hell.
Ganz schnell geht's weiter in die Höh'.

Und sieh! Mit der Zeit ist es so weit:
Aus einer gelben Sonne fällt ein Kern
hinunter auf die Welt!

Bärbel Haas

AH S. 64

Herbst

Herbstlied

Worte: G. Lang

2. Da fuhr er durch die Äste
und pflückte Blatt um Blatt.
„Nun ziehen wir zum Feste,
nun ziehen wir zum Feste,
nun tanzen wir uns satt.“

Auf Wiedersehn!

Der Star singt heut sein Abschiedslied,
er will nach Süden reisen.
„Auf Wiedersehn“, pfeift er vom Dach,
„ihr Finklein und ihr Meisen.“

Die Starenkinder reisen mit,
sie sind nun alle groß.
„Ade, ade, du altes Nest,
bald geht die Reise los.

Ade, du lieber Kirschenbaum,
trägst keine Kirschen mehr.
Bald fallen deine Blätter ab,
dann stehst du kahl und leer.

Ade, ade, der Herbstwind weht,
der Sommer ist nun aus.
Im nächsten Jahr, wenn's Frühling wird,
kehren wir zurück nach Haus!“

Gertrud Neumann-Hechler

- Lies das Gedicht. Von wem verabschiedet sich der Star?
- Woran erkennst du, dass im Gedicht vom Herbst die Rede ist? Was bedeutet für dich Herbst?
- Welche Tiere verlassen uns noch im Herbst? Suche im Internet.
- ○ Du kannst das Gedicht auswendig lernen.

So ein dicker Nebel

Peter kann die Häuser auf der anderen
Straßenseite nicht sehen.
Im Nebel sieht alles ganz anders aus, denkt er.
Da kommt ihm ein unheimlicher Hund entgegen.
Peter erschrickt.
Aber es ist nur Richters Hund,
der Peter begrüßen will.
Nun tauchen zwei glühende Augen auf.
Wie sie näher kommen, sieht er,
dass es Schultes Bäckerwagen ist.
Herr Schulte fährt heute
sehr langsam und vorsichtig.
Als Peter zur Schule kommt,
da huschen von allen Seiten Kinder herbei.
Wenn es in der Pause auch so neblig ist,
denkt Peter, können wir fein Fangen spielen.

Josef Schölling

- Warum kann man bei Nebel gut Fangen spielen?
- Welche Farbe muss deine Kleidung haben,
  damit man dich bei Nebel oder Dunkelheit besser sieht?

Martinstag

Am 11. November ist Martinstag.
Man feiert ihn, um deutlich zu machen, wie wichtig Teilen ist.
Die Geschichte erzählt, dass der Heilige Martin an einem kalten Winterabend in eine Stadt ritt. Dort traf er auf der Straße einen Bettler. Dieser war nur in Lumpen gekleidet und fror sehr.
Martin zerschnitt seinen Umhang in zwei Teile. Den einen gab er dem Bettler, den anderen behielt er selbst.
Heute gibt es am Martinstag in vielen Gegenden Laternenumzüge. Oft gehen die Kinder wie früher von Haus zu Haus und bitten singend um eine Gabe. Zum Abschluss gibt es ein Martinsfeuer.

- Stelle Fragen zum Text.
  Lasse sie von einem anderen Kind beantworten.

So kannst du dir selbst eine Laterne basteln:

- Schreibe auf, wie die Laterne gebastelt wird.
  So kannst du anfangen: *Zuerst …*

AH S. 65

Winter

Im Advent

Einen glänzenden Stern
aus Silberpapier
fand ich heut' Morgen
vor unserer Tür.
Er lag auf der Treppe,
ein bisschen versteckt,
hab' ihn beim Brötchenholen
entdeckt.
Bestimmt verlor ihn
der Nikolaus.
Es knisterte
heute Nacht so im Haus.

Lisa-Marie Blum

○ Du kannst den Text auf ein Schmuckblatt schreiben.

So kannst du einen Text anordnen:

1. Überlege, wie du die Strophen auf dem Blatt anordnen willst.
2. Zeichne mit dem Lineal dünne Linien vor.
3. Beachte, dass die Reimwörter am Ende der Zeile stehen.
4. Schreibe mit dem Bleistift vor. Passen die Zeilen in eine Reihe?
5. Wenn du fertig bist, kannst du dein Blatt gestalten.

AH S. 66

Wie's im ganzen Hause duftet!

Wie's im ganzen Hause duftet!
In der Küche wird geschuftet.
Jeder rackert, wie er's mag,
heut' ist unser Plätzchentag.

Heute backt die Großfamilie:
Oma, Mutter, Klaus, Ottilie.
Dabei sieht das ganze Haus
wie ein Riesenbackplatz aus.

Schütteln, rühren, kneten, packen,
stechen, streichen, legen, backen.
Aus dem Herde dringt ein Duft:
allerbeste Weihnachtsluft.

Manches Plätzchen rasch verschwindet,
das man nie mehr wiederfindet,
nach dem alten Weihnachtsbrauch:
zwei gebacken – eins im Bauch.

Ortfried Pörsel

- Welche Weihnachtsplätzchen isst du am liebsten?
- Welche Verben des Gedichtes passen zum Backen?
  Schreibe die Verben heraus.
- Was kannst du in der Adventszeit noch alles tun?

Bei der Feuerwehr wird der Kaffee kalt

Es ist Kaffeepause bei der Feuerwehr. Plötzlich bimmelt das Feuerwehrtelefon. Löschmeister Wasserhose nimmt den Hörer ab. „Wie, was?“, fragt er. „Ein kleiner Junge? Gut, wir kommen! Alarm!“ Da legen alle ihre Stullen auf den Tisch und rennen zur Rutschstange. “Sssst, sst, sst“ sind sie unten. Der Löschmeister gibt ordentlich Gas. Alle Autos halten an, um den roten Wagen vorbeizulassen. Und die Leute fragen sich auf der Straße: „Was wird denn nun wieder passiert sein?“ Ja – was ist passiert? Der Emil Zahnlücke war zum Schwanenteich gelaufen. Der Schwanenteich hatte eine Eishaut bekommen. Und Emil Zahnlücke dachte: Ich werde auf dem Eis schlittern! Wie werden die Kinder über meine Schlitterbahn staunen! Am Ufer hielt das Eis auch. Emil Zahnlücke ging einen Schritt und dann noch einen und dann nahm er Anlauf und schlitterte über das Eis. Aber mit einem Mal machte es „Ping!“ und quer durch die Eisdecke lief ein Riss. Emil Zahnlücke erschrak. Er wollte sich umdrehen und zurücklaufen. Da machte es noch einmal „Pling“ und „Pleng“ und „Klirr“ und er lag im Wasser.

Jetzt hält sich Emil Zahnlücke am Rand des Eisloches fest und schreit. Die Arme sind ihm schon lahm. Manchmal bricht unter seinen Fingern ein Stückchen Eis ab, dann taucht Emil Zahnlücke mit dem Kopf unter und schluckt eisiges Wasser und fuchtelt mit den Armen und versucht den Rand des Eisloches wieder zu fassen. Was meint ihr, welche Angst der kleine Emil hat!

Am Ufer stehen Menschen und wollen helfen. Aber sie kommen nicht an Emil Zahnlücke heran, sie sind schwerer als er und brechen schon am Ufer durch die Eisdecke.

Alle atmen auf, als sie das „Tatü-tata“ der Feuerwehr hören. Löschmeister Wasserhose prüft das Eis. „Wachtmeister Meier!“, ruft er. „Sie sind der leichteste von uns. Nehmen sie zwei Steckleitern und arbeiten sie sich an den Jungen heran!“ Wachtmeister Meier holt aus dem Auto zwei kurze Leitern. Er schiebt sie aufs Eis. Dann legt er sich vorsichtig auf eine Leiter, schiebt die andere vorwärts und kriecht dann darauf. Am Koppel hat er eine Leine mitgenommen. Bald ist er bei Emil Zahnlücke angelangt.

Gerade lässt der kleine Emil den Eisrand los. Aber Wachtmeister Meier erwischt ihn am Mantelkragen und zieht ihn auf die Leiter. Das ist eine schwere Arbeit, denn Emil ist tropfenass. Schließlich hakt der kleine Meier die Leine vom Koppel und bindet sie an die Leitern. Die Feuerwehrleute am Ufer ziehen. Wie ein Schlitten rutscht die Leiter über das Eis. So werden der kleine Meier und Emil ans Ufer geholt.

Hannes Hüttner

- Warum ist Emil eingebrochen?
- Warum können die Menschen am Ufer nicht helfen?
- Wie gelingt es, Emil zu retten?

AH S. 67

Es klopft bei Wanja in der Nacht

Weit fort in einem kalten Land
steht Wanjas Haus am Waldesrand.
In langen Zapfen hängt das Eis
und ringsumher ist alles weiß.
Da ist bei Sturm in finstrer Nacht
der Wanja plötzlich aufgewacht.
„Was höre ich da tocken?“,
so fragt er sich erschrocken.

Wer ist’s, wer klopft da an sein Haus?
Ein Hase hockt im Schneesturm drauß’.
Der schreit und jammert kläglich:
„Ich friere so unsäglich.“
Der Wanja sagt: „Komm nur herein,
ich heize gleich im Ofen ein.“…
Das Feuer zischt und prasselt laut, …
Der Has’ streckt sich behaglich aus.
Bald wird es still im kleinen Haus.
Auch Wanja deckt sich wieder zu:
„Gut’ Nacht und angenehme Ruh!“

Doch kaum sind beide eingeschlummert,
klopfen ein Fuchs und später noch ein Bär an die Tür.

Da schreit der Hase: „Nein, o nein,
lass bloß die beiden nicht herein!
Der Fuchs ist drauf versessen,
uns Hasen aufzufressen.“

Die Tiere aber versprechen,
keinem etwas zuleide zu tun,
und so dürfen sie
in Wanjas Hütte übernachten.
Alle strecken sich behaglich aus.

Bald wird es still im kleinen Haus.
Auch Wanja deckt sich wieder zu:
„Gut' Nacht und angenehme Ruh!"

Der Schneesturm unterdessen
tobt weiter wie besessen.
Er reißt die stärksten Bäume aus
und rüttelt an dem kleinen Haus.
Doch drinnen schlafen wohlgeborgen
Fuchs, Bär und Hase bis zum Morgen.

Als am nächsten Tag die Sonne aufgeht, ist die Not der Tiere vorüber. Sie laufen wieder hinaus in den Wald – jedes in eine andere Richtung, der Bär erwacht als Letzter.

„Verflixt, das ist ein Jägerhaus!
Ganz heimlich schleiche ich mich 'raus.
Die Sonne steht schon überm Wald.
Heut' wird's bestimmt nicht mehr so kalt."
Er tappt, so leise er vermag,
hinaus in einen neuen Tag.

Der Wanja – noch vom Schlaf umfangen –
begreift nicht, was hier vorgegangen.
Er blickt umher im leeren Raum.
War denn alles nur ein Traum?

Der Wanja schaut und nickt und lacht:
„Wir haben wirklich diese Nacht
gemeinsam friedlich zugebracht. –
Was so ein Schneesturm alles macht!"

Tilde Michels

- ● Warum haben sich die Tiere in dieser Nacht friedlich verhalten?
- ○ Spielt das Stück mit verteilten Rollen.

Der Schneemann auf der Straße

Der Schneemann auf der Straße
trägt einen weißen Rock,
hat eine rote Nase
und einen dicken Stock.

Er rührt sich nicht vom Flecke,
auch wenn es stürmt und schneit.
Stumm steht er an der Ecke
zur kalten Winterszeit.

Doch tropft es von den Dächern
im ersten Sonnenschein,
da fängt er an zu laufen,
und niemand holt ihn ein.

Robert Reinick

- Lies das Gedicht.
  Wie wird der Schneemann beschrieben?
- Wohin läuft der Schneemann, wenn es von den Dächern tropft?
- ○ Du kannst das Gedicht auswendig lernen und vortragen.

Fastnacht der Tiere

„Fastnacht feiern auch wir!“
brüllt der …
„Wir wollen tanzen!“,
rufen die …
„Wir wollen trinken!“,
zwitschern die …
„Wo?“,
fragt der …
„Im Haus“,
piepst die …
„Wie ziehen wir uns an?“,
fragt der …
„Ich gehe als Schäfer!“,
brummt der …
„Und ich als Musikant!“,
dröhnt der …
„Ich gehe als Frau!“,
krächzt der …
„Und ich als Graf!“,
blökt das …
„Wann beginnt der Ball?“
flötet die …
„Um die neunte Stund’!“,
bellt der …
„Ach, das wird fein!“,
grunzt das …

Volksgut

- Lies den Text mit den richtigen Reimwörtern vor.
- Versucht den Text so zu betonen, wie es die Redeverben vorgeben: *brüllen, rufen, …*
- Lest den Text mit verteilten Rollen.

AH S. 68

Frühling

Aufruhr im Gemüsebeet

Es war ein schöner Frühlingsmorgen. In allen Büschen sangen die Vögel, Blätter und Gras wuchsen und kleine Tiere flogen und krabbelten und arbeiteten überall herum. Die ganze Luft war von einem schwach surrenden Geraschel erfüllt, singendes Sausen von all dem Leben, das nach dem Winter erwacht war.

Der alte Pettersson stand im Gemüsegarten und schaute sich um und prüfte die Erde.

„Jetzt ist es so weit“, sagte er.

„Heute können wir Gemüse säen und Kartoffeln setzen.“

Kater Findus flitzte herum und erschreckte die Käfer.

„Was heißt das, setzen?“, fragte er.

„In die Erde stecken. Wenn wir Mohrrübensamen in die Erde säen, wachsen dort Mohrrüben. Und aus jeder Kartoffel, die wir in die Erde legen, werden fünf bis zehn neue Kartoffeln.“

Der Kater sah den Alten streng an.

„Aber ich mag keine fünf bis zehn neue Kartoffeln und Mohrrüben auch nicht. Können wir nicht lieber Fleischklößchen pflanzen?“

„In die Erde stecken können wir sie immer. Aber sie werden nicht wachsen“, sagte Pettersson.

„Man kann’s ja mal versuchen“, sagte Findus …

Der Kater pflanzte sein Fleischklößchen. Von Zeit zu Zeit lief er hin um nachzusehen, ob es schon gewachsen war.

Sven Nordqvist

- Was wird mit dem Fleischklößchen passieren?
- Was kann man im Frühjahr pflanzen und säen?

AH S. 69/70

Der Hase mit der roten Nase

Es war einmal ein Hase
mit einer roten Nase
und einem blauen Ohr.
Das kommt ganz selten vor.

Die Tiere wunderten sich sehr:
Wo kam denn dieser Hase her?

Er hat im Gras gesessen
und still den Klee gefressen.

Und als der Fuchs vorbeigerannt,
hat er den Hasen nicht erkannt.

Da freute sich der Hase.
„Wie schön ist meine Nase
und auch mein blaues Ohr,
das kommt so selten vor.“

Helme Heine

Ostergruß

Am Bach, da wo die Weidenkätzchen stehn,
hab' ich das Osterhäschen gesehn!
Es lief davon, als es mich sah.
Ob es vor mir erschrocken war?

Plötzlich habe ich etwas entdeckt!
Was hat es nur hinter den Weiden versteckt?
Ein Körbchen voll Eier, bunt und fein.
Die sollen für uns Kinder sein!

Osterhäschen im grünen Gras -
vielen Dank für den schönen Osterspaß!

Helga Müller

Zum Muttertag

○ Du kannst auch eine Muttertagskarte gestalten.

Sommer

Wie ein Junge im Walde von einem Gewitter überrascht wurde

Als ich klein war, wurde ich einmal in den Wald geschickt, um Pilze zu sammeln. Ich kam in den Wald, sammelte ein Körbchen voll und wollte wieder nach Hause gehen. Auf einmal wurde es dunkel, und es fing an zu regnen und zu donnern. Ich erschrak und setzte mich unter eine hohe Eiche. Da zuckte ein Blitz so grell auf, dass er mich blendete und ich die Augen zukniff. Plötzlich knisterte und krachte etwas über mir, und ich verspürte einen Schlag auf den Kopf. Ich fiel hin und blieb liegen. Als ich wieder zur Besinnung kam, hatte der Regen aufgehört. Es tröpfelte im ganzen Wald von den Bäumen, die Vögel zwitscherten, und die Sonne schien. Die hohe Eiche war zersplittert, und aus ihrem Stumpf stieg Rauch auf. Rings um mich herum lagen Späne des Baumes. Meine Kleider waren quatschnass und klebten am Körper. Am Kopf hatte ich eine Beule. Sie schmerzte ein bisschen. Nachdem ich meine Mütze gefunden hatte, nahm ich die Pilze und lief nach Hause.

Leo Tolstoi

- ● Was ist mit dem Jungen im Wald geschehen?
- ● Warum ist es gefährlich, bei einem Gewitter unter einem Baum zu sitzen?
- ○ Wie musst du dich bei einem Gewitter verhalten? Du kannst Informationen im Internet dazu sammeln.

Ferien zu Hause

In der Klasse 2 a erzählen die Kinder von den Ferien. Stefanie war in Spanien und konnte im Meer schwimmen. Olivia war mit ihren Eltern in England. Tom war in Italien. Dort gab es immer sein Lieblingsessen: Spagetti mit Tomatensoße.

Nun soll Malte erzählen, wo er war. Er wird ganz rot. Dann sagt er: „Weil meine Eltern arbeiten mussten, konnten wir nicht verreisen. Ich war nur bei meinen Großeltern.“ „War das nicht langweilig?“, fragt Mona.

Malte überlegt und sagt: „Eigentlich nicht. Opa und ich haben im Garten ein Zelt aufgebaut. In dem haben wir zwei Nächte geschlafen. Das war total unheimlich. Einmal habe ich mit Opa Pilze gesucht. Das war toll. Oma zeigte mir, wie man aus Rinde Boote schnitzt. Die sind richtig geschwommen. Am tollsten war unsere Lesenacht. Jeff und Nico durften bei mir schlafen. Sie haben ihre Lieblingsbücher mitgebracht. Zuerst haben meine Großeltern vorgelesen, dann durften wir so lange lesen, wie wir wollten.“

Die Kinder schauen Malte an. Dann sagt Tom nachdenklich: „Ich glaube, Malte hatte spannendere Ferien als ich.“

Ute Schimmler/Sabine Trautmann

- Warum meint Tom, dass Malte spannendere Ferien hatte?
- Was kannst du in den Ferien zu Hause machen?
- ○ Ihr könnt eure Vorschläge zu einem Plakat zusammenstellen.

AH S. 71

Teltsame Siere

Karienmäfer

Ein Karienmäfer
mit pieben Sunkten
haß auf dem Salm.
Und als ein Kind wam,
hog er floch
in den hauen Blimmel.

Ute Schimmler

- Lies das Gedicht laut vor. Was fällt dir auf?
- Schreibe das Gedicht richtig auf.
- Kontrolliere: Hast du alle Substantive großgeschrieben?

Klosch

Ein freiner Klosch
am talten Keich
der fühlte sich im Rimmelheich.
Denn hingsumrer
war´n flausend Tiegen.
Jedoch –
wie sollt er die krur niegen?

Ute Schimmler

- Verändere dieses Gedicht in der gleichen Weise wie oben.
- Denk dir eine Überschrift aus.

Auf uns'rer Wiese gehet was …

Text: Heinrich Hoffmann von Fallersleben

Ein Storch wird etwa 80 cm groß.
Er kann bis zu 20 Jahre alt werden.
Störche fressen Frösche und Fische, aber auch Würmer, Schnecken und Insekten. Wenn die Störche aus ihrem Winterquartier zurückkehren, besetzen sie gerne wieder ihren früheren Horst.
Eine Störchin legt drei bis vier weiße Eier.
Die kleinen Störche können nach etwa neun Wochen das Nest verlassen.
Im Spätsommer treffen sich die Störche an bestimmten Sammelplätzen und fliegen in ihr Winterquartier.

- Beschreibe den Storch.
- Notiere, was du über den Storch erfährst.
- Ihr könnt weitere Informationen sammeln und ein Poster gestalten.

AH S. 72

Selbstlaute (Vokale) und Mitlaute (Konsonanten)

A, e, i, o, u nennt man **Selbstlaute (Vokale)**.
Alle anderen Laute des Abc heißen **Mitlaute (Konsonanten)**.
Bei ihnen klingen Selbstlaute mit.

Diese Substantive beginnen mit Selbstlauten:

Orangenschale Aprikosenmarmelade Apfelsinensaft

❶ Schreibe die Substantive ab.

❷ Kreise alle Selbstlaute farbig ein.

Diese Substantive beginnen mit Mitlauten:

Salamipizza Limonadenflasche Tomatensalat

❸ Schreibe die Substantive ab.

❹ Kreise alle Mitlaute farbig ein.

B▒rn▒ M▒l▒n▒ Z▒tr▒n▒ K▒w▒ ▒pr▒k▒s▒

❺ Schreibe die Substantive mit den richtigen Selbstlauten auf.

In jedem Wort kommt mindestens ein Selbstlaut vor.
In jeder **Silbe** steht ein **Selbstlaut**: Saft, Butter, Banane.

Nudelsalat Brot Kartoffelsuppe Margarine Torte

❻ Schreibe die Substantive ab.

❼ Setze die Silbenbögen und markiere die Selbstlaute.

Umlaute

> Die Buchstaben **ä**, **ö** und **ü** nennt man **Umlaute**.

Lars bekommt neue M▒bel f▒r sein Zimmer.

Tim m▒chte S▒ßigkeiten essen.

Lisa h▒rt gerne M▒rchen.

❶ Schreibe die Sätze mit den richtigen Umlauten auf.
Kreise die Umlaute ein.

> Bei manchen Substantiven kann in der **Mehrzahl** aus einem Selbstlaut ein **Umlaut** werden: **a** ⟶ **ä**, **o** ⟶ **ö**, **u** ⟶ **ü**.

Nächte | Löcher | Länder | Tücher | Grüße

❷ Schreibe zu den Substantiven die Einzahl: *die Nächte – die Nacht, …*

Zwielaute

> **Au/au**, **Ei/ei** und **Eu/eu** werden **Zwielaute** genannt, weil sie aus zwei Selbstlauten bestehen. Aus einem Substantiv mit **au** wird in der Mehrzahl oft ein **äu**: der R**au**m – die R**äu**me.

Heute kann Ali nicht einkaufen gehen. Er hat leider keine Zeit. Aber er braucht ein neues Schreibheft. Sein Freund Felix leiht ihm ein Heft.

❶ Schreibe die Sätze ab. Markiere die Zwielaute.

Braut | Traum | Baum | Zaun | Bauch

❷ Bilde zu den Substantiven die Mehrzahl.
Schreibe so: *die Braut – die Bräute, …*

Doppelte Mitlaute (Kurz gesprochene Selbstlaute)

Wenn ein Wort einen **kurz gesprochenen Selbstlaut** hat, wird der nachfolgende **Mitlaut oft verdoppelt**: das Esszimmer.

Billy kommt die Treppe hoch.
Dann nimmt er seinen Schlüssel.
Er rennt in sein Zimmer.
Dort wartet sein Wellensittich Milli.

1. Schreibe den Text ab.
2. Schreibe alle Wörter mit doppeltem Mitlaut heraus. Markiere die kurz gesprochenen Selbstlaute mit einem Punkt.

Wörter mit **doppelten Mitlauten** werden meist zwischen diesen **getrennt**: hof – fen, der Rol - ler.

Brunnen | fallen | immer | Wasser | Ratte | Puppe

3. Schreibe die Wörter ab. Setze die Silbenbögen.
4. Schreibe nun so: *Brunnen, Brun – nen, ...*

Doppelte Selbstlaute (Lang gesprochene Selbstlaute)

Wenn ein Wort einen **lang gesprochenen Selbstlaut** hat, wird er in einigen Wörtern **verdoppelt**: das H**aa**r, das M**ee**r, das M**oo**r.

1. Schreibe die Substantive mit Artikel auf.
2. Unterstreiche die doppelten Selbstlaute.

Silben

Wörter bestehen aus **Silben**. Das Klatschen und das Schwingen kann dir helfen, die Silben besser zu hören. Wörter aus mehreren Silben kannst du trennen: S**a** – l**a** – m**a**n – d**e**r.

❶ Setze die Silben zu Wörtern zusammen. Setze die Silbenbögen.

Montagmorgen   Freitagnachmittag   Donnerstagnacht

❷ Schreibe die Wörter in Silben getrennt auf.

Vorsilben

Vorsilben verändern den Sinn eines Wortes:
ausrechnen – **nach**rechnen, die Fahrt – die **Vor**fahrt.
Manchmal wird die Vorsilbe im Satz nach hinten gestellt.

auf	lesen
ein	laufen
ab	hängen
aus	sagen
vor	schreiben

❶ Bilde sinnvolle Verben. Unterstreiche die Vorsilben.

Hans … das Gedicht von der Tafel … .
Mutter … den Fleck sofort … .
Endlich … Tina den Fernseher … .

abschreiben
auswaschen
ausschalten

❷ Setze die Verben ein. Schreibe die Sätze auf.

Substantive (Namenwörter)

Menschen, Tiere, Pflanzen und Dinge haben einen Namen.
Alle **Namenwörter** sind **Substantive**.
Substantive werden **großgeschrieben**.

Wolke und Meer,
Möwe am Strand,
eine Muschel
in meiner Hand -
das wäre schön.

Schokolade und Limo,
Eis am Stiel,
davon ganz viel -
das wäre schön.

❶ Schreibe die Texte ab. Unterstreiche alle Substantive.

Substantive können **bestimmte** und **unbestimmte Artikel (Begleiter)** haben. Bestimmte Artikel sind: **der** Hund, **die** Katze, **das** Pferd. Unbestimmte Artikel sind: **ein** Hund, **eine** Katze.

❷ Schreibe nun die Substantive mit den bestimmten und unbestimmten Artikeln auf. Trage sie so in eine Tabelle ein.

der / ein	die / eine	das / ein
der Strand – ein Strand	die … – eine …	

❸ Schreibe die Sätze mit den passenden Artikeln ab.

Lea will … spannendes Buch lesen.

Deshalb geht sie in … Bücherei.

Sie sucht … Regal mit den Abenteuerbüchern.

Es fällt ihr schwer sich für … Buch zu entscheiden.

Schließlich nimmt sie … Buch mit Piratengeschichten.

Substantive können in der **Einzahl** (Singular) oder in der **Mehrzahl** (Plural) stehen:
das Kind (**ein** Kind) – die Kinder (**mehrere** Kinder).

❹ Bilde die Mehrzahl der Substantive.
Benutze die unbestimmten Artikel.
Schreibe so: *eine Giraffe – viele Giraffen,*
ein Elefant – viele ...

Mit **zusammengesetzten Substantiven** kann man etwas genauer beschreiben.
Der **Artikel** richtet sich nach dem **zweiten Substantiv**:
das Buch, **der** Rücken – **der** Buchrücken.

❺ Schreibe die zusammengesetzten Substantive so auf:
der Zaun, der König – der Zaunkönig, ...

Die **Nachsilben -chen** und **-lein** verkleinern Substantive.
Diese Substantive haben in der Einzahl immer den Artikel **das**:
das Schiff – **das** Schiff**chen**, der Ring – **das** Ring**lein**.

Schwein | Zwerg | Kind | Finger | Kleid

-chen | -lein

6 Bilde Substantive mit den Nachsilben.
Schreibe so: *das Schwein – das Schweinchen, …*

Wenn man die **Nachsilben -chen** und **-lein** benutzt, wird manchmal aus einem Selbstlaut ein Umlaut und aus **au** wird **äu**:
die R**o**se – das R**ö**schen; die M**au**er – das M**äu**erchen.

7 Schreibe die Substantive mit den Verkleinerungen auf.
Schreibe so: *die Stunde – das Stündchen, …*

8 Unterstreiche die Selbstlaute und die Umlaute.

Verben (Tätigkeitswörter)

Verben (Tätigkeitswörter) sagen, was Menschen, Tiere, Pflanzen und Dinge tun. Verben werden **kleingeschrieben**.

huschen | bellen | klettern | fliegen | wippen

❶ Bilde Sätze. Unterstreiche die Verben.

Was beim Verb gleich bleibt, heißt **Wortstamm**: ich **geh**e, du **geh**st, ... Was sich verändert, nennt man **Endung**: ich geh**e**, du geh**st**, ... Die Endung richtet sich danach, wer etwas tut.

Der Hund	schlafen	im Hof.
Das Pferd	stehen	auf der Weide.
Die Hühner	sitzen	auf der Stange.

❷ Schreibe die Sätze richtig auf. Unterstreiche die Verben.

Zur **Wortfamilie** gehören Wörter aus verschiedenen Wortarten mit einem **gemeinsamen Wortstamm**.
Das hilft dir, ein Wort richtig zu schreiben: **renn**en, er **renn**t, weg**renn**en, die **Renn**bahn, das Wett**renn**en, ...

malen | Springer | gemalt | springen | abspringen | Maler

❸ Schreibe die Wörter nach Wortfamilien geordnet auf.
Finde weitere Wörter zu den Wortfamilien.

Verben stehen in der **Grundform** (schreiben) oder in der **Personalform** (er schreibt). Wenn du nicht weißt, wie ein Verb in der Personalform geschrieben wird, kannst du seine Grundform bilden: schrei**b**en – er schrei**b**t.

schlafen rufen lachen schreiben rechnen

Grundform	ich	du	wir
schlafen	ich schlafe	du ...	wir ...

4 Zeichne die Tabelle in dein Heft.
Trage die Verben in der Grundform ein.

5 Bilde die Personalformen.
Unterstreiche die Endungen.

Wortfelder

Zu einem **Wortfeld** gehören **Wörter mit ähnlicher Bedeutung**.
Mit ihnen kann man etwas genauer beschreiben.

Wortfeld „sprechen“: fragen, flüstern, erzählen, rufen

1 Erkläre die verschiedenen Bedeutungen dieser Verben.

Die Lehrerin Frau Struck ▒▒▒ von der Klassenfahrt.

Lotta hört nicht zu. Sie ▒▒▒ mit ihrer Freundin.

Da ▒▒▒ Frau Struck: „Kann ich euch helfen?“

„Sie haben Geheimnisse!“, ▒▒▒ David in die Klasse.

2 Schreibe den Text mit den passenden Verben auf.

Adjektive (Eigenschaftswörter)

Adjektive (Eigenschaftswörter) beschreiben, wie Menschen, Tiere und Dinge sind. Sie werden **kleingeschrieben**: Das Kleid ist **schön**.

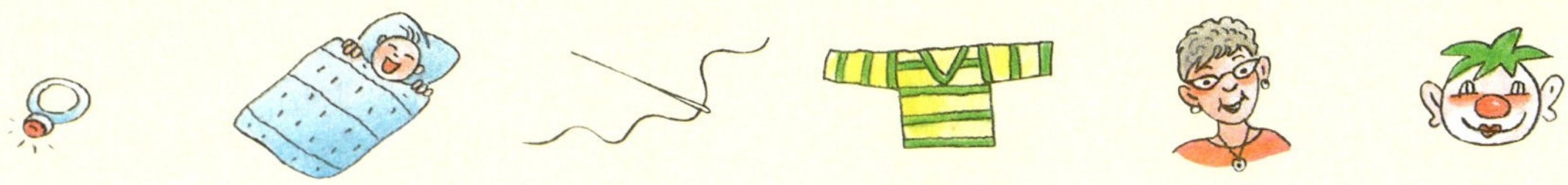

rund | niedlich | spitz | gestreift | alt | lustig

❶ Bilde Sätze. Schreibe so: *Die Oma ist …*

Steht ein **Adjektiv vor** einem **Substantiv**, verändert es sich:
laut – ein laut**er** Knall – ein laut**es** Geräusch.

Ein Frosch kann weit springen, weil er … Hinterbeine hat.
Der Igel wehrt sich mit seinen … Stacheln.
Unsere Katze hat ein ganz … Fell.
Unser Nachbar besitzt ein … Kaninchen.
Rehe sind sehr … Waldtiere.

weich | spitz | scheu | niedlich | lang

❷ Schreibe den Text mit den passenden Adjektiven auf.
Markiere die Endungen.

❸ In diesen Abzählreimen findest du viele Adjektive, die das Gegenteil ausdrücken. Schreibe sie so auf: *alt – neu, arm – …*

Satzarten – Satzzeichen

Am Satzanfang schreiben wir immer groß.
Die meisten Sätze sind **Aussagesätze**.
Am Ende eines Aussagesatzes steht ein **Punkt**.

Es ist Spätherbst die letzten Zugvögel fliegen in warme Länder nur ein Storch ist im Dorf geblieben sein Flügel ist verletzt die Leute bringen ihn in den Tierpark dort wird er gesund gepflegt

1. Schreibe den Text richtig auf.

2. Unterstreiche die Satzanfänge und Satzzeichen.

Wenn man etwas wissen will, stellt man Fragen.
Viele **Fragesätze** beginnen mit **Fragewörtern** wie:
Was? Wer? Warum? Wie? Wo?
Am Ende eines Fragesatzes steht immer ein **Fragezeichen**.

___ ist mein Hund ___
___ hat ihn gesehen ___
___ kann ich ihn finden ___
___ hilft mir denn niemand ___

3. Schreibe die Fragesätze vollständig auf, markiere die Fragewörter.

Sätze, die wir rufen, sind **Ausrufesätze**. Sätze, die sagen, was einer tun soll, nennt man **Aufforderungssätze**.
Am Ende beider Sätze steht ein **Ausrufezeichen**.

Das ist aber toll ___ Komm endlich her ___ Da bist du ja ___

Prima, das hast du gut gemacht ___ Hör auf zu stören ___

4. Schreibe die Sätze mit den richtigen Satzschlusszeichen auf.

Wörter nach dem Abc ordnen

Wörter kann man ordnen, indem man sie nach den Anfangsbuchstaben von A bis Z sortiert.

❶ Schreibe die Blumennamen nach dem Abc geordnet auf.

Ist der erste Buchstabe bei verschiedenen Wörtern gleich, ordnet man nach dem zweiten Buchstaben.

❷ Schreibe die Wörter nach dem Abc geordnet auf.

Sind der erste und der zweite Buchstabe bei verschiedenen Wörtern gleich, ordnet man nach dem dritten Buchstaben.

Fliege | Flamingo | Fledermaus | Flusspferd | Floh

❸ Schreibe die Tiernamen nach dem Abc geordnet auf.

Eine Bücherei besuchen

In der **Bücherei** gibt es viele **Bücher**. Damit man die einzelnen Bücher leichter findet, sind sie nach **Bereichen** sortiert.
In den Bereichen sind die Namen der Autoren nach dem **Abc** geordnet.

1. Zu welchem Bereich gehören die Bücher rechts?
2. Schreibe die Namen der Autoren nach dem Abc geordnet auf.

Wenn du etwas über den **Inhalt eines Buches** erfahren möchtest, kannst du den kurzen Text **auf der Rückseite** der meisten Bücher lesen.

Einen Lesetipp schreiben

Wenn du ein Buch vorstellen möchtest, kannst du einen eigenen Lesetipp schreiben.

1. Schreibe nach diesen Vorgaben einen eigenen Lesetipp.

Mein Lesetipp

Lesetipp von: ____________

Titel: ____________

____

Autor/in: ____________

Das passiert im Buch: ____________

____

____

Es gefällt mir, weil ____________

____

Einen Text abschreiben

So kannst du das Abschreiben üben:

1. Lies den Text.
2. Lies einzelne Wörter oder Wortgruppen.
3. Decke sie zu und schreibe sie auf.
4. Vergleiche! Hast du alles richtig?

Großmutter näht Teresa ein Kleid.

Sie sitzt an der Nähmaschine. Teresa ist sehr glücklich.

Sie hat am Dienstag Geburtstag.

Dann wird sie das neue Kleid anziehen.

1. Schreibe den Text nach den Angaben ab.
   Achte besonders auf die schwierigen Wörter in den Kästchen.

Ein Gedicht abschreiben

Wenn du ein Gedicht abschreiben willst, gehe so vor:

1. Lies den Text und achte auf die Reimwörter.
2. Schreibe die Zeilen bis zum Reimwort ab.
3. Beginne nach dem Reimwort eine neue Zeile.

Sommerregen

Die Bäume sind nass vom Kopf bis zum **Zeh**. Ich wandere barfuß durch die **Allee**. Die Wiese ist sumpfig, der Weg ist ein **Bach**, es trommeln die Tropfen aufs **Gartenhausdach**.

Ich wandere barfuß. Das Gras kitzelt **so**. Was ich hier mache? Nass sein und **froh**!

Georg Bydlinski

1. Schreibe nun das Gedicht nach den Vorgaben auf.

Ein Gedicht abschreiben und auswendig lernen

So kannst du ein Gedicht auf ein Blatt schreiben:

1. Überlege, wie du die Strophen anordnen willst.
2. Zeichne dir mit dem Lineal dünne Linien vor.
3. Schreibe mit dem Bleistift vor.
   Passen die Zeilen in eine Reihe?
4. Wenn du fertig bist, kannst du das Blatt gestalten.

Freunde

Dieses Gedicht will ich dir schreiben,
damit wir für immer Freunde bleiben.
Ich hoffe, dass du nicht lachst beim Lesen.
Sonst ist‘s vorbei, das wär‘s gewesen!

Schreibst du mir auch? Das ist mein Traum.
Ich schlösse mich ein in meinen Raum,
würde still genießen jeden Reim,
und wir werden beste Freunde sein.

Sonja Kargl

❶ Schreibe das Gedicht auf ein Blatt.

So kannst du ein Gedicht auswendig lernen:

1. Lies den Text mehrmals laut.
   Versuche dabei, betont zu lesen.
2. Teile jede Strophe in sinnvolle Abschnitte.
3. Sprich dann jeden Abschnitt so oft,
   bis du ihn auswendig kannst.
4. Sprich dann den nächsten Abschnitt.
5. Sprich nun das ganze Gedicht auswendig.

❷ Lerne das Gedicht nach diesen Schritten auswendig.

Eine Geschichte erzählen

So kannst du eine Geschichte erzählen:

1. Schaue deine Zuhörer an.
2. Betone wichtige Wörter.
3. Setze deine Stimme ein: Sprich deutlich, mal laut, mal leise.
4. Achte auf dein Sprechtempo: Sprich nicht zu schnell, mach Pausen.
5. Erzähle mit Gesicht und Körper.

Nachtwanderung

Klasse 2a | Ali krank | Bett hüten

Lehrer geht vorne | Lisa Angst | geht am Ende

Gespenst aus dem Gebüsch | Gespenst fällt hin

Lisa schreit | Maro lacht | Ali wütend

1 Erzähle mit Hilfe der Stichwörter eine Geschichte.

Etwas genau beschreiben

Um Menschen, Tiere, Pflanzen und Dinge **genau** zu beschreiben, kannst du viele Adjektive verwenden:
ein Fell – ein **weiches** Fell – Das Fell ist **weich**.

Lotta hat zum Wandertag ihren Rucksack am Rastplatz vergessen.
Sie beschreibt ihn so:
Mein Rucksack ist grau. Vorn hat er eine rote Tasche. An der Seite ist ein bunter Aufkleber. Die Schnallen sind groß und rund.
Auf einem kleinen Anhänger steht mein Name.

1 Schreibe die Substantive mit den passenden Adjektiven auf.
Schreibe so: *ein grauer Rucksack, …*

Gesprächsregeln

Um Gespräche führen zu können, sollte man folgende Gesprächsregeln beachten:

1. Melde dich, bevor du redest.
2. Sprich nur, wenn du an der Reihe bist.
3. Sieh deinen Gesprächspartner an.
4. Höre den anderen genau zu.
5. Frage nach, wenn du etwas nicht verstanden hast.
6. Sprich freundlich und beschimpfe niemanden.

❶ Welche Kinder halten sich an die Gesprächsregeln?

Partner – Stopp – Diktat

So kannst du ein Partner – Stopp – Diktat schreiben:

1. Lest euch beide den ganzen Text gut durch.
2. Ein Kind diktiert den Text in kleinen Wortgruppen.
   Es prüft dabei, was das andere Kind schreibt.
   Bei einem Fehler sagt es „Stopp!“.
3. Der Fehler wird sofort berichtigt.
4. Zum Schluss wird gewechselt.

Die Klasse 2 b hat zum ersten Mal Schwimmunterricht.
Niemand weiß, dass Sinan nicht schwimmen kann.
Im Schwimmbad teilen die Lehrer die Klasse in zwei Gruppen ein.
Sinan lacht, denn seine besten Freunde können auch
noch nicht schwimmen.

❶ Lest den Text. Achtet besonders auf die schwierigen Wörter.

❷ Diktiert und schreibt den Text als Partner – Stopp – Diktat.

Richtig abschreiben

Richtig abschreiben

Auch beim Abschreiben eines Textes kannst du
die Rechtschreibung üben.

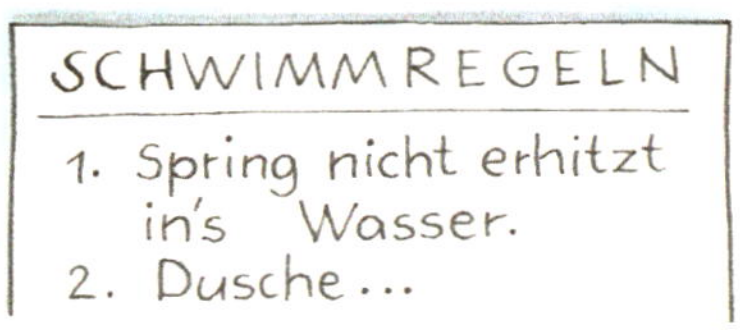

1. Lies den ganzen Text.
2. Lies nun Wörter oder Satzteile.
3. Merke sie dir.
4. Decke den Textteil ab.
5. Schreibe ihn aus dem Gedächtnis auf.
6. Vergleiche.

Alis Geburtstag
Ali hat heute Geburtstag.
Er hat seine besten Freunde eingeladen.
Sie essen Kuchen und trinken Kakao.
Danach machen sie eine Schnitzeljagd.
Am Abend sind alle müde.

❶ Schreibe den Text richtig ab.

Leselexikon

Anschrift Die Anschrift auf einem Brief gibt an, wer ihn erhalten soll. Willst du den Brief mit der Post versenden, musst du eine vollständige Anschrift angeben. Diese besteht aus dem Namen des Empfängers, der Straße mit Hausnummer und der Stadt mit Postleitzahl. Wenn dein Brief ins Ausland gehen soll, musst du auch das Land angeben.

Ameisenbär Der Name „Ameisenbär“ bezieht sich auf die bevorzugte Nahrung des Tieres: Ameisen. Der Ameisenbär holt sie mit seiner langen, klebrigen Zunge aus den Ameisennestern heraus. Sein Körper kann bis zu 2 m lang werden. Das Fell ist struppig und braun, sein Kopf schmal mit einer langen Schnauze. Er lebt in Süd- und Mittelamerika.

Autor/-in Autoren/-innen sind Personen, die sich einen Text ausdenken und schreiben. Wir nennen sie auch Schriftsteller/-innen.

Buchillustration Wer das Fach Buchillustration studiert, wird später Illustrator/-in. Illustratoren/-innen malen Bilder zu einem Buch. Besonders viele Illustrationen findest du in Bilderbüchern. Bilder können helfen, einen Text besser zu verstehen.

Buchrücken Den Buchrücken nennt man den Teil des Buches, den man sieht, wenn das Buch im Regal steht. Auf dem Buchrücken steht der Titel des Buches und der Name des Autors. So kann man ein bestimmtes Buch im Regal finden, ohne es dazu herausnehmen zu müssen.

Eichkätzchen Die Eichhörnchen werden in manchen Gegenden Eichkätzchen oder Eichkater genannt.
Es sind flinke Nagetiere, die im Garten oder Park leben. Ihr Fell ist hellbraun bis schwarz. Der Schwanz ist lang und buschig.

Figuren Das Wort „Figuren" hat verschiedene Bedeutungen. Figuren können Personen oder Gestalten in einem Buch, im Film oder Theater sein. Sie spielen in einer Geschichte mit.

Galerien Eine Galerie besteht aus mehreren Räumen, in denen Bilder, Fotografien oder andere Kunstobjekte ausgestellt und manchmal auch verkauft werden.

Gutsbesitzer Ein Gut ist ein großer Bauernhof mit vielen Ländereien. Der Gutsbesitzer hat meist mehrere Mitarbeiter, die ihm bei der Landwirtschaft oder der Versorgung der Tiere helfen.

Hörbuch/ Hörspiel Bei einem *Hörbuch* wird von einem Sprecher der vollständige Text eines Buches vorgelesen. So kann man mittlerweile viele Bücher auch als Hörbuch auf CD kaufen. Im Gegensatz dazu ist das *Hörspiel* die Umsetzung einer Geschichte durch mehrere Sprecher, häufig begleitet von Musik und Geräuschen. Mit der Erfindung des Radios entstanden die ersten Hörspiele. Heute gibt es viele Hörspiele auf CD.

Horst Einen Horst nennt man das Nest von großen Vögeln. Es besteht aus Ästen und Zweigen. Die Störche bauen ihren Horst meistens auf hohen Gebäuden.

Internet Das Internet verbindet viele Computer auf der ganzen Welt wie ein Netz (englisch: net). Deshalb wird es manchmal auch nur „das Netz" genannt.

Im Netz können Informationen und Bilder an andere Computer gesendet werden.

keilen	Keilen ist ein anderes Wort für „sich mit jemandem schlagen oder prügeln“.
Komposthaufen	Komposthaufen stehen meist in Gärten. Dort werden Gartenabfälle und alle Küchenreste, die von Pflanzen stammen, gesammelt. Diese verrotten dann zu nährstoffreicher Erde (Kompost).
Labyrinth	Ein Labyrinth ist ein sehr langer, in sich gefalteter Weg, der immer wieder seine Richtung ändert. Das Ziel des Labyrinths liegt in der Mitte. Man muss also den gleichen Weg auch wieder zurückgehen.
Laib	Meistens spricht man von einem Laib Brot oder Käse. Damit wird ein ganzes Brot oder ein ganzer Käse gemeint.
Lumpen	Als Lumpen bezeichnet man alte Kleidungsstücke oder Stoffreste. Aus Lumpen kann auch Papier hergestellt werden. Früher gab es Lumpensammler.
Pult	Die Schreibtische in der Schule wurden früher Pulte genannt.
Reisig	Unter Reisig versteht man dünne Zweige mit Rinde.
Residenz	Die Residenz ist der Sitz des Staatsoberhauptes, des Landesfürsten oder eines hohen geistlichen Würdenträgers.
Rückseitentext	Der Rückseitentext steht auf der Rückseite eines Buches. Manchmal finden wir ihn auch auf der

Umschlagsklappe, dann nennen wir ihn Klappentext. Der Text fasst den Inhalt des Buches kurz zusammen und soll neugierig machen, das Buch zu lesen.

Senke Als Senke bezeichnet man eine Vertiefung in der Erde. Dorthin läuft meist das Wasser. Dadurch entsteht an dieser Stelle eine Pfütze oder sogar ein kleiner See.

Spottverse Spottverse sind Gedichte, die sich über eine Person oder eine Sache lustig machen.

Stutzen Stutzen sind Schienbeinschoner, die zur Fußballkleidung gehören. Sie verhindern, dass Fußballspieler durch Tritte verletzt werden.

Titel Bücher oder Lieder haben einen Namen. Dieser Name ist so etwas wie die Überschrift eines Buches oder Liedes. Oft soll der Titel auf ein Buch neugierig machen.

Untertanen Als Untertan wurde früher ein Mensch bezeichnet, der einem Herrscher diente. Er musste tun, was dieser ihm befahl. Könige, Fürsten oder andere Herren hatten viele Untertanen.

Witwe Man nennt eine Frau eine Witwe, wenn ihr Ehemann gestorben ist. Stirbt die Ehefrau, so nennt man den Mann Witwer.

Zepter Als Zepter bezeichnet man den Herrscherstab, den ein König bei sich trägt.

Zeremonie Eine Zeremonie ist eine feierliche, traditionelle Handlung, die in einer bestimmten, vorgeschriebenen Form immer wieder ausgeführt wird.

Wörterliste mit den 100 häufigsten Wörtern

A

aber
abfahren
abwaschen
alle
allein
als
alt
am
an
anfangen
angeln
der Apfel, die Äpfel
der April
arbeiten
arm
der Arzt, die Ärztin
der Ast, die Äste
auch
auf
aufpassen
aufstehen
das Auge, die Augen
der August
aus
ausruhen
das Auto, die Autos

B

bald
der Ball, die Bälle
die Bank, die Bänke
der Baum, die Bäume
der Becher, die Becher
beginnen
bei
bekannt
benutzen
beobachten
das Bett, die Betten
das Bild, die Bilder
bis
das Blatt, die Blätter
blau
die Blume, die Blumen
böse
braun
breit
der Brief, die Briefe
das Brot, die Brote
der Bruder, die Brüder
das Buch, die Bücher
die Bücherei
bunt

C

der Computer, die Computer

D

da
das Dach, die Dächer
danken
dann
darf
das
dass

decken
denken
denn
der, des, dem, den
deutsch
der Dezember
dick
die
der Dienstag
diese, dieser
das Diktat, die Diktate
das Ding, die Dinge
doch
donnern
der Donnerstag
das Dorf, die Dörfer
die Dose, die Dosen
der Drachen, die Drachen
drehen
drei
dreizehn
du
der Duft, die Düfte
dunkel
dünn
durch
dürfen

E

eckig
das Eichhörnchen,
die Eichhörnchen
der Eimer, die Eimer
ein, eine, einer, eines,
einem, einen
einzelnen
das Eis
der Elefant, die Elefanten
die Eltern
eng
England
englisch
entdecken
er
die Erde
erkennen
erschrecken
erzählen
es
der Esel, die Esel
essen

F

fahren
das Fahrrad, die Fahrräder
die Fahrt, die Fahrten
fallen
die Familie, die Familien
fangen
der Februar
die Fee, die Feen
der Fehler, die Fehler
das Fenster, die Fenster
die Ferien
das Feuer, die Feuer
der Film, die Filme
finden
der Finger, die Finger
der Fisch, die Fische
die Flasche, die Flaschen

fleißig
fliegen
fließen
der Fluss, die Flüsse
fragen
die Frau, die Frauen
der Freitag
freuen
der Freund, die Freunde
die Freundin, die Freundinnen
freundlich
früh
fünf
für
der Fuß, die Füße
der Fußball, die Fußbälle
füttern

G

die Gabel, die Gabeln
ganz
geben
der Geburtstag, die Geburtstage
gegen
gehen
gelb
gern
das Geschenk, die Geschenke
gesund
gibt, er gibt
das Glas, die Gläser
glatt
das Glück
grau
groß
die Großmutter, die Großmütter
der Großvater, die Großväter
grün
gut

H

das Haar, die Haare
haben, ich habe
die Hand, die Hände
der Handschuh, die Handschuhe
hart
der Hase, die Hasen
hässlich
hat, er hat, er hatte
das Haus, die Häuser
heiraten
heiß
die Hexe, die Hexen
hier
der Himmel, die Himmel
hinter
der Hof, die Höfe
hoffen
hoffentlich
holen
der Hund, die Hunde
hundert
hüpfen
der Hut, die Hüte

I

ich
der Igel, die Igel
ihm, ihn
ihnen

ihr, ihre
im
immer
in
die Insel, die Inseln
das Internet
ist, es ist schön
isst, er isst

J

die Jacke, die Jacken
der Januar
jung
der Junge, die Jungen
der Juni
der Juli

K

kalt
kann, er kann
die Karte, die Karten
die Katze, die Katzen
kaufen
das Kind, die Kinder
die Klasse, die Klassen
der Klee
das Kleid, die Kleider
klein
der Koch, die Köchin
kommen
können
der Kopf, die Köpfe
krank
die Kreide, die Kreiden
kriegen
der Kuchen, die Kuchen
die Kuh, die Kühe
kurz

L

lachen
lang
langsam
lassen
laufen, er läuft
laut
leben
die Lehrerin, die Lehrerinnen
leicht
lernen
lesen
die Leute
das Licht, die Lichter
lieb, lieber
lieben
das Lied, die Lieder
liegen
liest, er liest
der Löffel, die Löffel
lustig

M

machen
das Mädchen, die Mädchen
mag, ich mag
der Mai
die Mama
man
manchmal
der Mantel, die Mäntel

das Märchen, die Märchen
der März
die Maus, die Mäuse
die Medizin
das Meer, die Meere
mehr, mehrere
mein, meine
der Mensch, die Menschen
das Messer, die Messer
mich
mir
mit
der Mittwoch
möchte, ich möchte
mögen
der Montag
müde
der Mund, die Münder
die Musik
muss, ich muss
müssen
mutig
die Mutter, die Mütter
die Mütze, die Mützen

N

nach
der Nachmittag,
die Nachmittage
die Nacht, die Nächte
die Nase, die Nasen
nehmen
nicht
nimmt, er nimmt
noch
der November
nun
nur
die Nuss, die Nüsse

O

oder
der Ofen, die Öfen
offen, öffnen
oft
ohne
der Oktober
die Oma, die Omas
der Onkel, die Onkel
der Opa, die Opas
ordentlich

P

der Papa
parken
passen
die Pause, die Pausen
der Pfadfinder, die Pfadfinder
das Plakat, die Plakate
der Platz, die Plätze
plötzlich
das Pony, die Ponys
die Post
der Preis, die Preise
die Puppe, die Puppen
putzig

Q

quaken
die Qualle, die Quallen

der Quatsch
quer

R

das Radio, die Radios
raten
die Ratte, die Ratten
der Raum, die Räume
rechnen
rechts
reden
der Reifen, die Reifen
reisen
rennen
richtig
riechen
der Riese, die Riesen
der Rock, die Röcke
der Roller, die Roller
rot
rufen
rund

S

sagen
sammeln
der Samstag
sauer
das Schaf, die Schafe
der Schatz, die Schätze
schauen
schenken
schlafen
der Schläger, die Schläger
schleichen
schließen
der Schlitten, die Schlitten
der Schluss, die Schlüsse
schmal
schmecken
schmutzig
der Schnee
schnell
schon
schön
schreiben
die Schule, die Schulen
die Schüssel, die Schüsseln
schwach
schwarz
schwer
die Schwester, die Schwestern
schwimmen
der See, die Seen
sehen
sehr
sei
das Seil, die Seile
sein
seine, seiner
selbst
der September
setzen
sich
sie
sieben
siegen
sieht, sie sieht
sind, wir sind
singen

sitzen
so
sogar
sollen
die Sonne, die Sonnen
der Sonntag
der Spaß, die Späße
spät
der Spiegel, die Spiegel
spielen
der Sport
sprechen
spricht, er spricht
springen
die Stadt, die Städte
stand, es stand
stark
stehen
steil
der Stein, die Steine
stellen
der Stern, die Sterne
der Stiefel, die Stiefel
der Stock, die Stöcke
stolpern
der Storch, die Störche
die Straße, die Straßen
streicheln
streiten
der Strumpf, die Strümpfe
der Stuhl, die Stühle
der Sturm, die Stürme
suchen
die Suppe, die Suppen
süß

T

der Tag, die Tage
täglich
die Tante, die Tanten
die Tasche, die Taschen
die Tasse, die Tassen
das Taxi
der Teddy, die Teddys
der Tee
der Teller, die Teller
der Text, die Texte
das Tier, die Tiere
der Tisch, die Tische
toben
toll
tragen
der Traum, die Träume
träumen
traurig
treffen
trinken
der Turm, die Türme

U

üben
über
überall
das Ufer, die Ufer
die Uhr, die Uhren
um
und
unglücklich
unheimlich
uns
unter

V

der Vater, die Väter
der Verkäufer, die Verkäuferin
verstecken
verstehen
versuchen
viel
viele
vielleicht
vier
der Vogel, die Vögel
vom
von
vor
vorbei
vorsagen
vorspielen

W

wach
wandern
war, ich war
warm
warum
was
waschen
das Wasser
weich
weinen
weiß
weit
welche
die Welle, die Wellen
die Welt, die Welten
wenden
wenn
wer
werden, wir werden
wie
wieder
die Wiese, die Wiesen
das Wiesel, die Wiesel
will, ich will
winken
winzig
wir
wird, er wird
wissen
wo
wohnen
die Wolke, die Wolken
die Wolle
wollen
das Wort, die Wörter
der Wunsch, die Wünsche
wünschen
der Wurm, die Würmer

Z

zählen
der Zahn, die Zähne
die Zeit, die Zeiten
die Zeitschrift, die Zeitschriften
die Zeitung, die Zeitungen
das Zelt, die Zelte
das Zimmer, die Zimmer
zu, zum, zur
zurufen
zusammen
der Zwerg, die Zwerge

Quellennachweis

S. 16: Shaw, Elizabeth: Der kleine Angsthase (Textauszug). Der KinderbuchVerlag in der Verlagsgruppe Beltz, Weinheim, Basel, Berlin 2006.
S. 17: Miler, Zdenek: Der Maulwurf hilft der Maus (gekürzt). Leiv Kinderbuchverlag, Leipzig 2002.
S. 18: Krenzer, Rolf: Das wünsch ich mir. Aus: Krenzer, Rolf: Hallo, Tag. Mein Kalenderbuch, Lahnverlag, Limburg 1990.
S. 18: Schwarz, Regina: Wen du brauchst. Aus: Hans-Joachim Gelberg (Hrsg.): Überall und neben dir. Beltz & Gelberg, Weinheim 1986.
S. 19: Holtz-Baumert, Gerhard: Ich habe immer Ärger mit meinem Namen. Aus: Holtz-Baumert, Gerhard: Alfons Zitterbacke. Leiv Leipziger Kinderbuchverlag GmbH, Leipzig 2004.
S. 20: McBratney, Sam/Jeram, Anita: Weißt du eigentlich, wie lieb ich dich hab? (Textauszug). Sauerländerverlag, Frankfurt/Salzburg 1997.
S. 21: Schimmler, Ute: Lieblingstiere. Originalbeitrag.
S. 21: Trautmann, Sabine: Wiesel. Originalbeitrag.
S. 22: Zungenbrecher. Volksgut.
S. 22: Schimmler, Ute: Lauter Unsinn. Originalbeitrag.
S. 23: Brandt, Heinz und Christine: Rätselhaftes Tier-Abc. Beltz-Verlag, Weinheim und Basel 1999.
S. 23: Maar, Paul: Buchstabenspiel. Aus: Paul Maars kleiner Flohmarkt. Oettinger, Hamburg 1987.
S. 29: Brandt, Heinz und Christine: Rätselhaftes Tier-Abc. Beltz-Verlag, Weinheim und Basel 1999.
S. 30: Paul, Jean: Lesen macht stark. Übersetzung von Kurt Franz, dtv München 1988.
S. 34: Guggenmos, Josef: Meine Bücher. Aus: Guggenmos, Josef: Das kunterbunte Kinderbuch. Herder-Verlag, Freiburg, 1962.
S. 35: Werner, Nils: Alarm im Kasperletheater. Das Neue Berlin Verlags GmbH & Co. KG, © 2002 (1994) Eulenspiegel Berlin.
S. 40: Hasler, Eveline: Der Buchstabenvogel. Aus: Hasler, Eveline: Schultüten-Geschichten. Deutscher Taschenbuchverlag, München 2006.
S. 40: Zille, Heinrich: Berliner Schulvers. Aus: Flügge, G.: Das dicke Zille Buch, Eulenspiegel Verlag, Berlin 1980.
S. 41: Schreiber-Wicke, Edith/Holland, Carola: Lustige Tierreime. Aus: Schreiber-Wicke, Edith/Holland, Carola: Mit Ottern stottern, mit Drachen lachen. Verse zum Weiterreimen von A bis Z. Thienemann Verlag, Stuttgart/Wien 2006.
S. 41: Grosche, Erwin: Silbenklatschen. Aus: Grosche, Erwin, Christiane Hansen (Illustration): E-le-fa, E-le-fee! Was macht der Elefant am See? Lautgedichte und Sprachspiele quer durchs ABC. Edition Bücherbär im Arena-Verlag, Würzburg 2007.
S. 42: Janosch: Post für den Tiger. (gekürzt) aus: Janosch: Post für den Tiger. Beltz-Verlag, Weinheim und Basel, 1992.
S. 43: Guggenmos, Josef: Der Brief. Aus: Guggenmos, Josef: Was denkt die Maus am Donnerstag? Georg Bitter Verlag, Recklinghausen, 1967.
S. 44/45: Moser, Erwin: Xaveria Rotpelz, die Bücherkatze. Aus: Moser, Erwin: Der Siebenschläfer. Beltz Verlag, Weinheim und Basel, 1991.
S. 45: Comic: Schlagzeilen © United Features Syndicate Inc. Distr. by kipkakomiks.de
S. 46/47: Funke, Cornelia: Das verzauberte Klassenzimmer. Loewe Verlag, Bindlach, 1997.
S. 59: Lakomy, Reinhard/Ehrhardt, Monika: Der Traumzauberbaum. Rechte beim Urheber.
S. 67: Ruck-Pauquèt, Gina: Hausspruch. Aus: Ruck-Pauquèt, Gina: Wunder Welt; Schwann-Verlag, Düsseldorf 1968.
S. 70: Trautmann, Sabine: Der Elefant im Apfelbaum. Originalbeitrag.
S. 72: Könner, Alfred: Wovon träumt der Igel? Abel & Müller-Verlag, 1. Auflage Leipzig.
S. 73: Trautmann, Sabine: Winterschlaf der Igel. Originalbeitrag.
S. 74/75: Mai, Manfred: Felix' größter Wunsch. Aus: Mai, Manfred: Volltreffer für Felix (Textauszug). (Lesespatz) Loewe Verlag GmbH, Bindlach 2000, 1. Auflage.
S. 76/77: Rodrian, Fred/Klemke, Werner: Das Wolkenschaf (gekürzt). Aus: Rodrian, Fred/Klemke, Werner: Das Wolkenschaf. Der Kinderbuch Verlag in der Verlagsgruppe Beltz, Weinheim Basel 2004.
S. 77: Ehrhardt, Monika: Kleine Wolke. Rechte beim Urheber.
S. 78/79: Appelgren, Tove (Text)/Savolainen, Salla (Bild). Deutsch von Dagmar Brunow: Josefine wünscht sich einen Hund (Textauszug). Verlag Friedrich Oetinger GmbH, Hamburg 2006.
Schwedische Originalausgabe: Söderströms & Co. Förlagsaktiebolag, Helsinki. Titel: „Vesta-Linnéa och gosnosen" 2005.
S. 99: Schimmler, Ute: Fußball. Originalbeitrag.
S. 100/101: Langen, Annette: Briefe von Felix – Ein kleiner Hase auf Weltreise. Illustrationen von Constanze Droop. Coppenrath Verlag, Münster 1994.
S. 102/103: Wiegelmann, Kathrin: Der Tower of London. Stonehenge. Originalbeitrag.
S. 104/105: Caroll, Lewis: Alice im Wunderland. Übersetzung von Erika Krammer, Illustrationen von Lisbeth Zwerger. Verlag Gossau. Zürich, Hamburg, Salzburg 1999.
S. 116: Manz, Hans: Du. Aus: Manz, Hans: Mit Wörtern fliegen. Weinheim, Basel, Beltz 1995.
S. 124/125: Trautmann, Sabine: Sascha. Originalbeitrag.
S. 125: Trautmann, Sabine: Was mein Körper alles kann. Originalbeitrag.
S. 126: Heine, Helme: Heute geh ich aus dem Haus. Aus: Heine, Helme: Vom Sehen, Hören, Schmecken, Riechen und ... Middelhauve Verlag, Köln, Zürich 1990.
S. 127: Trautmann, Sabine und Ende, Kerstin: Wie Tiere ihre Umwelt wahrnehmen. Originalbeitrag.
S. 128: Erbstößer, Renate: Katzen-Jäger mit vier Pfoten. Originalbeitrag.
S. 129: Strahl, Rudi: Ich male. Aus: Tiede, H.-O. (Hrsg.): Sieben Blumensträuße. Reime und Gedichte für den Kindergarten. Volk und Wissen, Volkseigener Verlag Berlin, 1989.
S. 130/131: Bauer, Jutta: Die Königin der Farben (Textauszug). Beltz Verlag, Weinheim und Basel 1998.
S. 144: Schimmler, Ute: Märchenbriefe. Originalbeitrag.
S. 151: Schimmler, Ute: Von der Hexe, die schwimmen lernen wollte. Originalbeitrag.
S. 152/153: Maar, Paul: Eine Woche voller Samstage. Aus: Maar, Paul: Eine Woche voller Samstage. Verlag Friedrich Oetinger, Hamburg 1973.
S. 154: Kargl, Sonja: Die Brüder Grimm. Originalbeitrag.
S. 155: Jatzek, Gerold: Rumpelstilz sucht Freunde. Aus: Gelberg, Hans-Joachim: Großer Ozean: Gedichte für alle. Beltz Verlag, Weinheim 2000.
S. 156: Andersen, Hans Christian: Zwölf mit der Post (gekürzt). Aus: Andersen, Hans Christian: Sämtliche Märchen in zwei Bänden. Übersetzung von Thyra Dohrenberg, Winkler Verlag 1949.
S. 157: Ellermann, H.: Das Rübenziehen. Aus: Ellermann, H. (Hrsg.): Russische Volksmärchen. Übersetzung Xaver Schaffgotsch, Hamburg und München 1964.
S. 158: Franz, Kurt: Verrückte Namenwelt. Aus: Praxis Deutsch Sonderheft, Friedrich Verlag Seelze 1973.
S. 159: Erbstößer, Renate: Marc Chagall. Originalbeitrag.

S. 160/161: Shaw, Elizabeth: Die Schildkröte hat Geburtstag (gekürzt). Der Kinderbuch Verlag in der Verlagsgruppe Beltz, Weinheim Basel 2004.
S. 162/163: Ziebarth, Ursula: Wie es kam, dass der Hamster den Tiger fraß. © Rechte liegen bei Ursula Ziebarth, Berlin.
S. 170/171: Haas, Bärbel: Der Kern & Das Jahr der Sonnenblume. GT Verlag Würzburg 2000.
S. 172: Herbstlied. Ihr Blätter, wollt ihr tanzen. Melodie: überliefert. Text: G. Lang © G. Lang.
S. 173: Neumann-Hechler, Gertrud: Auf Wiedersehn! Aus: Tiede, H.-O. (Hrsg.): Sieben Blumensträuße. Reime und Gedichte für den Kindergarten. Volk und Wissen, Volkseigener Verlag Berlin, 1989.
S. 174: Schölling, Josef: So ein dicker Nebel. Aus: Aschendorffs Lesebuch für katholische Volksschulen. Aschendorffsche Verlagsbuchhandlung Münster 1965.
S. 176: Blum, Lisa-Marie: Im Advent. Aus: Blum, Lisa-Marie: Neue Reime für liebe Kinder. Ehlermann Dresden 1947.
S. 177: Pörsel, Ortfried: Wie's im ganzen Hause duftet! Fidula-Verlag Boppard/Rhein.
S. 178/179: Hüttner, Hannes/Lahr, Gerhard: Bei der Feuerwehr wird der Kaffee kalt. Kinderbuchverlag Berlin, 2005.
S. 180/181: Michels, Tilde: Es klopft bei Wanja in der Nacht. DTV Junior. München 2000.
S. 182: Reinick, Robert: Der Schneemann auf der Straße. Aus: Tiede, H.-O. (Hrsg.): Sieben Blumensträuße. Reime und Gedichte für den Kindergarten. Volk und Wissen, Volkseigener Verlag Berlin, 1989.
S. 183: Fastnacht der Tiere. Volksgut.
S. 184: Nordqvist, Sven: Aufruhr im Gemüsebeet. Übersetzung Angelika Kutsch, Friedrich Oetinger Verlag Hamburg 1991.
S. 185: Heine, Helme: Der Hase mit der roten Nase. Aus: Ein Middelhauve-Bilderbuch. Middelhauve Verlag, Köln und Zürich 1987.
S. 186: Müller, Helga: Ostergruß. Aus: Tiede, H.-O. (Hrsg.): Sieben Blumensträuße. Reime und Gedichte für den Kindergarten. Volk und Wissen Volkseigener Verlag Berlin, 1989.
S. 187: Wiegelmann, Kathrin: Zum Muttertag. Originalbeitrag.
S. 188: Tolstoi, Leo: Wie ein Junge im Walde von einem Gewitter überrascht wurde. Übersetzer: Hermann Asemissen. Aus: Das neue Alphabet. Rütten & Loening, Berlin 1960.
S. 189: Schimmler, Ute/Trautmann, Sabine: Ferien zu Hause. Originalbeitrag.
S. 190: Schimmler, Ute: Teltsame Siere. Originalbeitrag.
S. 191: Hoffmann von Fallersleben, Heinrich: Auf unsrer Wiese gehet was. o.J.
S. 205: Bydlinski, Georg: Sommerregen. Aus: Der neue Wünschelbaum. Dachs Verlag 1999.
S. 206: Kargl, Sonja: Freunde. Originalbeitrag.

Abbildungsverzeichnis
S. 4.1: iStockphoto (sonyae), Calgary, Alberta;
S. 4.2: Avenue Images GmbH (Image Source), Hamburg;
S. 4.3: Klett-Archiv (Sabine Trautmann, Berlin), Stuttgart;
S. 4.4: Verlag Friedrich Oetinger GmbH, Hamburg;
S. 4.5: iStockphoto (sonyae), Calgary, Alberta;
S. 4.6: Getty Images RF (Photodisc), München;
S. 5.1: Klett-Archiv (Andreas Klingebiel), Stuttgart;
S. 5.2: Bananastock RF, Watlington/Oxon;
S. 12.1: Reinhard-Tierfoto, Heiligkreuzsteinach;
S. 13.1: Corbis (Ariel Skelley), Düsseldorf;
S. 16.1: Verlag Beltz & Gelberg, Weinheim;
S. 16.2: Verlag Beltz & Gelberg, Weinheim;
S. 17.2: leiv Leipziger Kinderbuchverlag GmbH, Leipzig;
S. 19.1: leiv Leipziger Kinderbuchverlag GmbH, Leipzig;
S. 19.2: Verlagsgruppe Random House GmbH, München;
S. 20.1: Patmos Verlagshaus GmbH & Co. KG, Düsseldorf;
S. 20.2: Patmos Verlagshaus GmbH & Co. KG, Düsseldorf;
S. 20.3: Patmos Verlagshaus GmbH & Co. KG, Düsseldorf;
S. 21.1: shutterstock, New York, NY;
S. 21.2: Alamy Images RM, Abingdon, Oxon;
S. 21.3: Alamy Images RM, Abingdon, Oxon;
S. 23.1: Verlag Friedrich Oetinger GmbH, Hamburg;
S. 33.1: Xenos Verlag, Hamburg, 2004
S. 33.2: Tessloff Verlag, Nürnberg;
S. 33.3: Tessloff Verlag, Nürnberg;
S. 33.4: Ravensburger Buchverlag Otto Maier GmbH, Ravensburg;
S. 33.5: Verlag Friedrich Oetinger GmbH, Hamburg;
S. 33.6: Verlag Beltz & Gelberg, Weinheim;
S. 38.1: Corbis (Randy Miller), Düsseldorf;
S. 42.1: Verlag Beltz & Gelberg, Weinheim;
S. 42.2: Verlag Beltz & Gelberg, Weinheim;
S. 42.3: Verlag Beltz & Gelberg, Weinheim;
S. 45.1: United Feature Synd., Inc., kipkakomiks.de, München;
S. 46.1: Cornelia Funke, Das verzauberte Klassenzimmer, mit Illustrationen der Autorin © 1997 Loewe Verlag GmbH, Bindlach
S. 47.1: Arena Verlag GmbH, Würzburg;
S. 47.2: Ravensburger Buchverlag Otto Maier GmbH, Ravensburg;
S. 47.3: Verlag Friedrich Oetinger GmbH, Hamburg;
S. 49.1: JUMBO Neue Medien & Verlag GmbH, Hamburg, Hamburg;
S. 49.2: Cornelia Funke, Der Mondscheindrache © Loewe Verlag, Bindlach
S. 49.3: S. Fischer Verlag GmbH, Frankfurt am Main;
S. 49.4: Verlag Friedrich Oetinger GmbH, Hamburg;

S. 49.5: C. Dressler Verlag GmbH, Hamburg;
S. 49.6: JUMBO Neue Medien & Verlag GmbH, Hamburg, Hamburg;
S. 49.7: Mit freundlicher Genehmigung des Kosmos Verlags entnommen aus: Funke, Drachenreiter (c) 2008, Franckh-Kosmos Verlags-GmbH & Co.KG, Stuttgart;
S. 50.1: Klett-Archiv (Ute Schimmler, Bremen), Stuttgart;
S. 50.2: Stadtbibliothek Magdeburg, Magdeburg;
S. 50.3: Ullstein Bild GmbH (Petersen), Berlin;
S. 51.1: Ullstein Bild GmbH, Berlin;
S. 51.2: Klett-Archiv, Stuttgart;
S. 57.1: Verlag Beltz & Gelberg, Weinheim;
S. 73.1: Helga Lade (Geoff du Feu, Frankfurt), Frankfurt;
S. 77.1: Verlag Beltz & Gelberg, Weinheim;
S. 78.1: Verlag Friedrich Oetinger GmbH, Hamburg;
S. 78.2: Verlag Friedrich Oetinger GmbH, Hamburg;
S. 79.1: Verlag Friedrich Oetinger GmbH, Hamburg;
S. 79.2: Verlag Friedrich Oetinger GmbH, Hamburg;
S. 86.1: FOCUS, Hamburg;
S. 86.2: Okapia, Frankfurt;
S. 86.3: Mauritius, Mittenwald;
S. 86.4: Mauritius, Mittenwald;
S. 86.5: all images direct (Heiner Heine), Deisenhofen;
S. 90: Getty Images, München;
S. 97.1: Corbis, Düsseldorf;
S. 97.2: Ullstein Bild GmbH (Vario-Press), Berlin;
S. 97.3: imago sportfotodienst, Berlin;
S. 98: Mauritius, Mittenwald;
S. 100: Annette Langen und Constanze Droop, Briefe von Felix © 1994, Coppenrath Verlag, Münster, Germany
S. 101: Annette Langen und Constanze Droop, Briefe von Felix © 1994, Coppenrath Verlag, Münster, Germany
S. 102: Picture-Alliance, Frankfurt;
S. 103.1: Getty Images, München;
S. 103.2: RB-Deskkart Ralf Brennemann, Hamburg;
S. 105: Getty Images, München;
S. 112: iStockphoto (Eric Isselée), Calgary, Alberta;
S. 112: imago sportfotodienst, Berlin;
S. 116.1: Fotolia LLC, New York;
S. 116.2: Mauritius, Mittenwald;
S. 116.3: Corbis (Martin Harvey), Düsseldorf;
S. 116.4: Fotolia LLC (Galina Barskaya), New York;
S. 116.5: Fotolia LLC (Nataliya Hora), New York;
S. 116.6: Klett-Archiv (Peggy Groß, Leipzig), Stuttgart;
S. 116.7: Getty Images, München;
S. 118: Getty Images, München;
S. 120.1: Jürgen Weber Tier- und Naturfotografie, Bad Münder;
S. 120.2: Reinhard-Tierfoto, Heiligkreuzsteinach;
S. 120.3: Okapia (B. Cavignaux), Frankfurt;
S. 127.1: Mauritius (Pokorski), Mittenwald;
S. 127.2: Getty Images (Geoff du Feu), München;
S. 127.3: Corel Corporation Deutschland, Unterschleissheim;
S. 127.4: imago sportfotodienst (Metodi Popow), Berlin;
S. 128.1: Juniors Bildarchiv, Ruhpolding;
S. 128.2: PantherMedia GmbH (Silke Brenner), München;
S. 128.3: shutterstock (Graham Taylor), New York, NY;
S. 129.1: Halle, Museum Moritzburg – Reinhard Hentze – ARTOTHEK;
S. 131.1: Verlag Beltz & Gelberg, Weinheim;
S. 153: Verlag Friedrich Oetinger GmbH, Hamburg;
S. 154: Museumslandschaft Hessen-Kassel, Kassel;
S. 159.1: BPK, Berlin;
S. 159.2: Keystone, Hamburg;
S. 163: Klett-Archiv (Angela Hock-Schatz, Zell), Stuttgart;
S. 172: Corbis, Düsseldorf;
S. 173: Imago Stock & People, Berlin;
S. 174: FOCUS (Nathan Benn, Florida), Hamburg;
S. 175: Ullstein Bild GmbH, Berlin;
S. 179: Verlag Beltz & Gelberg, Weinheim;
S. 181: DTV GmbH & Co. KG, München;
S. 184: Verlag Friedrich Oetinger GmbH, Hamburg;
S. 187: Klett-Archiv, Stuttgart;
S. 191: Fotolia LLC (Galina Barskaya), New York;
Schülerarbeiten: S. 129, 182, 186, 187

Nicht in allen Fällen war es uns möglich, den Rechteinhaber der Abbildungen ausfindig zu machen.
Berechtigte Ansprüche werden selbstverständlich im Rahmen der üblichen Vereinbarungen abgegolten.